작은거인 한의빌더

작은거인
한의빌더

ⓒ 김석욱, 2025

초판 1쇄 발행 2025년 4월 25일

지은이	김석욱
펴낸이	이기봉
편집	좋은땅 편집팀
펴낸곳	도서출판 좋은땅
주소	서울특별시 마포구 양화로12길 26 지월드빌딩 (서교동 395-7)
전화	02)374-8616~7
팩스	02)374-8614
이메일	gworldbook@naver.com
홈페이지	www.g-world.co.kr

ISBN 979-11-388-4216-7 (03810)

- 가격은 뒤표지에 있습니다.
- 이 책은 저작권법에 의하여 보호를 받는 저작물이므로 무단 전재와 복제를 금합니다.
- 파본은 구입하신 서점에서 교환해 드립니다.

작은거인 한의 빌더

김석욱 지음

내 목표는 단 한 번뿐인 인생, 꽤 괜찮은 인생을 살고 싶은 것.

그런 내 인생을 가로막는 것은 나의 부모님도, 내가 타고난 환경도,
학교의 비행 청소년들도, 내 작은 키도 아니었다.
진짜로 내 인생을 가로막고 있던 것은 바로 나 자신이었다.

좋은땅

"지금 이 인생을 다시 한 번
완전히 똑같이 살아도 좋다는 마음으로 살라."

- 프리드리히 니체 -

"그저 살려고 태어난 게 아니다.
의미 있는 인생을 만들려고 태어난 것이다."

- 헬리스 브릿지스 -

프롤로그

긍정이라는 가치는 언제 실현됩니까?
부정적인 상황 속에서 실현됩니다.
모든 것이 충족되고, 풍족하며, 행복만이 가득한 상황에서는 긍정의 힘이 필요가 없습니다. 그런 상황에서는 애써 긍정적인 마음을 가질 필요가 없습니다. 부정적으로 생각할 만한 것이 전무하니까요.
긍정의 힘은 고통스럽고, 결핍되어 있으며, 지옥 같은 상황일수록, 그 상황이 더 심화될수록 필요해집니다.
많은 사람들이 긍정적인 가치에만 집중합니다. 그러한 태도로는 성공할 수 없습니다. 그 긍정적인 가치를 위해 얼마나 고통스러운 과정을 겪어 내야 하는지에 집중해야 합니다. 그 과정이 성공을 만들어 내기 때문입니다. 정작 필요한 건 눈앞의 가시밭길을 걸어가는 건데, 저 멀리 있는 신기루 같은 성공만을 바라봐서는 아무런 변화도 일어나지 않습니다.
내가 처해 있는 환경이 불우하다고 탓하지 마세요. 탓한다고 바뀌는 건 없습니다. 오히려 불우하기 때문에 긍정의 힘을 길러야만 한다고 여기세요. 불우한 만큼 더 긍정적인 마음을 가져야 하고, 더 생산적인 실천을 해야만 한다는 것을 인식하세요.
빛나는 목표와 성공에 집중할 때보다, 어두운 막막함과 인고의 시간에 집중할 때, 우리의 인생은 역설적으로 더 빛이 날 겁니다.
이 책이 우리들의 인생 속 모든 부정적인 면들에서 빛나는 부분을 찾을 수 있도록 돕기를 바랍니다.

"우리가 이룬 것만큼, 이루지 못한 것도 자랑스럽습니다."

- 스티브 잡스

"저는 제 인생에서 실패를 여러 번 거듭하였습니다. 그리고 또 실패 하였습니다. 그리고 그게 제가 바로 성공을 한 이유입니다."

- 마이클 조던

수백 명의 같은 학년 학생이 운동장에 서 있다. 나는 그 중 맨 앞줄에 서 있다. 키가 작은 것 말고는 무엇 하나 내세울 것 없는 평범한 학생이다. 무엇 하나 제대로 노력하는 것 없이 바라는 것만 많다. 동네에서 제일 예쁜 여학생을 몰래 짝사랑하며, 명문대학교 진학을 꿈꾼다. 훌륭한 어른으로 성장하기를 바라지만, 그건 그림의 떡일 뿐이다.

불평불만만 가득 차 있다. 그저 컴퓨터 게임이나 할 줄 알고, 패스트 푸드, 불고기 버거를 좋아하며, 운동하기는 싫어하고, 공부를 하겠다는 다짐에도 그새를 못 참고, 금방 컴퓨터 앞에 자리 잡는 청소년 남자아이.

'도대체 커서 어쩌려고 그러냐.' 하는 걱정이 밀려오는 내 모습이었다.

이런 나도 괜찮은 인생을 살 수 있을까?

두려웠다.

목차

프롤로그　　　　　　　　　　　　　　　　　　　　　　7

― 1부 ―
작디 작은 내 인생

1. 어린 시절 나의 기억　　　　　　　　　　　　　　16
2. 방황으로 시작한 학창시절　　　　　　　　　　　　18
3. 희망이 필요하다　　　　　　　　　　　　　　　　21
4. 그래서 나의 목표는?　　　　　　　　　　　　　　22
5. 벌써 하기 싫은데요?　　　　　　　　　　　　　　24
6. 조금 달라진 것 같기도 하다　　　　　　　　　　　26
7. 반에서 1등을 해 보고 싶다　　　　　　　　　　　27
8. 어쩌면 내가 그토록 노력한 또 다른 이유　　　　　29
9. 내가 될까?　　　　　　　　　　　　　　　　　　31
10. 부담이 아니라 희망　　　　　　　　　　　　　　33
11. 왜 굳이 높은 목표를 세워서 고생을 할까　　　　35
12. 공부를 잘하고 난 뒤에 얻은 깨달음　　　　　　　37
13. 모든 것이 무너진 것만 같았다　　　　　　　　　39
14. 땅만 보고 뛰자　　　　　　　　　　　　　　　　41
15. 어느새 내 인생은 많이 비뀌었다　　　　　　　　43
16. 뜻하지 않은 사고　　　　　　　　　　　　　　　46
17. 목표했던 것과는 전혀 다른 길　　　　　　　　　49
18. 인생의 방향성은 어떻게 정할까?　　　　　　　　51

19.	패배할 것을 알고도 도전하라	53
	쉬어 가는 페이지 - 어머니	57
20.	성격도 습관이다	59
21.	목적과 수단을 확실히 구분하라	62
22.	걱정할 시간에 실천을 하라	65
23.	봉사의 찬란한 행복	68
24.	자기신뢰의 중요성	72
25.	좋은 사회에 대한 염원	75
26.	환경이 영향을 줄 수는 있다. 그러나 결정은 내가 한다	78
27.	친구를 서운하게 할 정도의 자기집중은 결국 더 큰 의미의 선(善)이다	82
28.	진정한 자유란	86
29.	이것만 끝나면 정말 행복할 텐데. 과연?	90
30.	신이 내린 타이밍	92
31.	그녀 인생에 행복이 가득하기를	94
32.	왜 다음 약속을 안 잡니?	96
33.	나는 잘 참는다	98
34.	내가 걱정도 안 되냐?	100
35.	우리 무슨 사이야?	102
36.	꿈이냐 생시냐	104
37.	맛있는 음식을 같이 먹는 사이	106
38.	네가 웃으면 나도 좋아	108
39.	결혼이라는 현실	110
40.	사는 게 참 바쁘다	112
	덧붙이고 싶은 이야기	114
	쉬어 가는 페이지 - 아버지	116

2부
작은 거인을 만든 가치관

1. 체력을 길러라   120
2. 혼자 지내기   122
3. 후회하지 않기   125
4. 타인의 부정적인 시선 압도하기   127
5. 자신감 가지기   130
6. 허무주의를 경계하기   133
7. 핑계 대지 말고, 환경 탓하지 말기   135
8. 새로 시작하기 위해 비우기   138
9. 모르겠으면 일단 최선을 다하기   141
10. 생활에 생각을 길들이지 말고, 생각에 생활을 길들이기   143

    쉬어 가는 페이지 - 남동생   145

11. 끈기를 유지하기 위한 부정적인 마인드   148
12. 비교는 정말로 시간낭비   150
13. 원래부터 갖고 있었던 꿈 같은 것은 절대 없다   153
14. 신념은 변화하고 성장한다   155
15. 비겁함을 거부하기   156
16. 나만 생각하기   158
17. 최악을 사랑하기   160
18. '나 없더라도 괜찮겠지'라는 마음 버리기   162
19. 완벽에 집착하지 말고, 발전에 집착하기   164
20. 사서 고생하기   166
21. 수억짜리 추억을 만들기   168

22.	나를 깎아내리는 자들을 무시하라	170
23.	실패의 이유와 성공의 이유는 같다	172
24.	버티지 말고 극복하라	174
25.	간절히 원한다는 것은 실천하고 있다는 것	175
	쉬어 가는 페이지 - 아내	178
26.	답이 없는 게 아니라, 문제가 없는 것이고, 실천이 없는 것이다	181
27.	내 어깨 위에 더 큰 책임을 지라	184
28.	잘하는 방법 말고, 열심히 하는 방법	186
29.	생각을 바꾸지 말고, 행동부터 바꾸자	188
30.	지루함을 활용하라	190
31.	분노하지 마라	192
32.	내가 못하는 일	194
33.	그래서 결말이 뭔데?	196
34.	동기부여는 제 역할을 다했다	198
35.	이루지 못하더라도 높은 목표를	200
36.	불행 앞에서도 웃을 수 있는 강한 사람이 되기를	202
37.	내 인생의 의미는 내가 만든다	204

마무리하며	206
결코, 내 인생을 피할 수 없다	207

1부

작디 작은 내 인생

1. 어린 시절 나의 기억

제 어린 시절을 기억해 보면, 생각나는 에피소드가 몇 가지 있습니다. 아주 어린 시절에는 귀엽다는 이야기도 자주 들었죠. 유치원 선생님이 저를 참 예뻐했던 기억이 있습니다. 특히 더 예뻐하셨던 기억입니다. 선생님께서 제게 자주 웃어 보라고 하셨습니다. '웃어 봐~ 스마일!' 이렇게요. 제가 입모양만 웃는 척을 했었는데, 그게 참 귀여우셨나 봅니다. 아마, 제가 워낙 인상을 쓰고 있었기에 웃어 보라는 의도가 아니셨을까 생각을 합니다.

그리고 종이접기를 참 못했습니다. 시작부터 똑바로 접히지가 않더라고요. 금방 포기하고는 선생님 옆으로 가서 해 달라고 졸랐죠.

늦잠도 많이 잤습니다. 아침에 일어나는 것이 왜 이렇게 힘들었을까요.

밥도 잘 안 먹었습니다. 어머니와 외할머니께서 제 밥을 먹이고자 숟가락을 들고 따라다니시던 게 지금도 생생하게 기억이 납니다. 집 안에서만 그랬던 것이 아니라, 바깥까지 따라오셨어요.

조금 커서는 곤충을 너무 좋아했습니다. 아파트 뒤에 산이 있었는데요. 메뚜기며, 사마귀며, 매미며, 잠자리며, 방아깨비며, 곤충들을 잡으러 다니는 것을 참 좋아했어요.

그 시절 동네 또래들과 어울려 놀이를 하기도 했었네요. '무궁화 꽃이 피었습니다' '오징어 달구지' 등등의 게임을 했던 기억이 남아 있네요.

공부도 했었던 기억이 있습니다. 친구 집에 놀러가서 친구가 푸는 덧셈, 뺄셈 문제를 같이 풀었던 기억이 나요. 그 학습지를 빨리 풀어야 같이 나가서 놀 수 있었거든요.

욕심도 많았어요. 옆집에 살던 친구가 새로운 장난감을 샀다고 자랑을 하더라고요. 너무 갖고 싶어서 실수인 척 몰래 가지고 왔던 기억이 나요. 부모님께 들키면 혼날 것을 알고 있었기에 침대 밑에 숨겨 뒀죠. 물론, 결국 이실직고하고 크게 혼이 났었습니다.

게임을 정말 좋아했어요. 어릴 때부터 슈퍼마리오에 빠져 시간 가는 줄 몰랐죠. 또 재미난 기억은 저희 외할머니께서도 보글보글이라는 게임을 하셨는데, 같이 밤을 새워 가며, 마지막 판까지 깨곤 했답니다. 물론 못 깰 때가 더 많았지만요.

이렇듯 지극히 평범한 어린 시절을 보냈습니다. 돌이켜 보면 즐겁기만 했던 어린 시절을 지나 어느새 초등학교 4학년이 되었습니다. 이 때, 이성에 첫눈을 떴죠. 같은 반에 정말 예쁜 여학생이 있는 겁니다. 진짜 말 그대로 빛이 났습니다.

하루는 친구들끼리 아이스링크장을 가기로 했습니다. 그녀도 온다고 해서, 저도 간다고 했었죠. 당일, 그녀가 못 온다는 겁니다. '오, 신이시여.' 얼마나 실망감이 컸는지, 20년이 훌쩍 지난 지금도 그때의 감정이 생생합니다.

그렇게 제 설레고 해맑던 어린 시절은 저물어 가고, 힘들고 어둡고, 두렵고, 불안하던 학창 시절이 다가왔습니다.

2.
방황으로 시작한 학창시절

어느덧 정신을 차려 보니, 정말 게임에 미쳐 있다 싶을 정도로 게임에 집착하고 있었습니다. 아버지가 화가 나셔서 게임CD를 부러트릴 정도였으니까요. 밥을 먹기 싫어하던 어린 시절을 지나, 햄버거와 라면을 사랑하는 사춘기 학생이 되어 있었습니다. 여드름은 울긋불긋 거울을 보니 참 미운 얼굴이 보이더군요. 키도 작았습니다. 반에서 제일 작은 수준이었죠. 여러모로 스스로를 사랑하기 어려웠습니다. 그 누구의 탓도 아니었습니다. 제 탓이었습니다. 그 사실을 받아들이기가 그 때는 그렇게 힘들었습니다.

'지금은 초라하고 볼품없고 해낸 것도 없지만 사실 넌 우주만큼 대단한 사람이야.' 정말 그럴까요. 이대로 살아도, 전 정말 대단한 사람일까요? 아닐 겁니다.

착한 사람이라서 선행을 많이 베푼 게 아니라, 선행을 많이 베풀다 보면 착한 사람이 됩니다.

타고난 체력이 좋아서 운동을 많이 하는 것이 아니라 운동을 많이 하다 보니 체력이 좋아진 것입니다.

아는 게 많아서 공부를 많이 하는 것이 아니라 공부를 많이 해서 아는 것이 많은 것입니다.

훌륭한 사람이라서 좋은 일을 많이 한 게 아니라 좋은 일을 많이 했기 때문에 훌륭한 사람인 것입니다.

저는 그 반대였습니다. 절제를 할 수 없이 게임을 했기 때문에, 게임에 중독이 되었습니다.

게으르고 먹기만 했으니, 그에 걸맞은 비만아가 되었습니다.

운동을 하지 않고, 그저 편하게 쉬고 싶어 하며, 무엇 하나 제대로 열심히 노력하려 하지 않았습니다. 그렇게 나태한 사람이 된 겁니다.

이러한 시간이 알게 모르게 쌓이면, 정신 차리려고 해도 그게 잘 안 됩니다. 막막한 마음이 커집니다. 주변에서 '노력을 해 봐라.' '최선을 다해 봐라.' '저 친구를 본받아라.'라는 조언을 들어도 하나도 도움이 되지 않습니다.

머리로는 알고 있습니다.

내가 게으르다 생각이 들면, '난 어쩔 수 없이 게을러.'라는 말로 스스로를 포기하지 말아야 합니다. 내가 게으르면 새벽에 일어나서 운동을 나가면 됩니다.

'난 원래 멍청하다.'

그럼 공부를 하면 됩니다.

아무것도 하지 않고 '나는 훌륭하다. 아름다운 존재다.' 할 수 없다는 걸 알고는 있습니다.

알고 있어도, 거울을 보면 내가 원하는 나의 모습과는 정반대인 나의 얼굴이 보입니다.

첫사랑 앞에 당당하고 싶고, 공부를 열심히 하고, 자신감 있게 시험을 치고, 강한 체력을 바탕으로 끈기 있게 노력하는 사람이 되고 싶었습니다. 친할머니께서 매일매일 말씀하시는 것처럼 훌륭한 일을 하는 사람으로 잘 성장하고 싶었습니다. 저도 그런 사람이 되고 싶었습니다.

3.
희망이 필요하다

희망이 필요했습니다. 편안함, 휴식, 안정감, 행복보다도 희망이 필요했습니다. 어렵고 힘들고 고통스러워도 괜찮으니까 된다는 희망만 있으면 할 수 있을 것 같았습니다. 이제 아프고, 힘들고, 어려운 건 얼마든지 괜찮으니, 된다는 보장만 있으면, 희망만 있으면, 가능성만 있으면 정말 열심히 해 보겠다는 생각이 들었습니다.

그때 깨달았습니다. 저는 행복한 사람이기보다도 희망을 가진 사람이 되고 싶었습니다.

희망은 고통과 인내 속에 피어납니다.

공부를 시작해 보니 분명히 행복하진 않았지만 희망이 생겼습니다. 희망은 지금보다 나은 미래를 기대할 수 있는 현재에서 피어납니다. 노력이 있어야만 희망이 생깁니다. 언제나 노력하는 삶 속에서 더 나은 미래를 그릴 수 있는 사람이었으면 좋겠습니다.

저는 행복보다 희망을 더 좋아합니다.

누군가 당신은 왜 사나요? 라고 물었을 때,

"희망이 있으니까요. 지금보다 더 나아질 수 있으니까 기꺼이 살아갑니다."

라고 대답할 수 있을 것 같습니다.

4.
그래서 나의 목표는?

　내 목표는 뭘까? 이 목표를 설정하는 것이 중요할까? 거기다 설정한 목표가 옳은 가치라고 할 수 있을까? 내가 정말 원하는 결과가 맞을까? 많은 생각과 걱정이 듭니다. 또 높은 목표를 세웠을 때, 주변에서 바라보는 시선도 신경이 쓰입니다.

　'네 주제에 무슨 서울대학교야!?' 같은 조롱이죠. 저는 일단 목표를 높게 세우기로 했습니다. 현실은 지방 국립대에도 입학하기 힘든 성적이라도, 대한민국에서 가장 좋은 대학교인 서울대학교를 입학하겠다는 목표로 공부했습니다. 나의 외모는 형편없지만, 그리고 이성 앞에서 자신감도 없지만, 첫 짝사랑처럼 예쁘고, 착하고, 밝은 내 이상형과 결혼해서 행복하게 해 주겠다는 목표를 세웠습니다. 운동도 열심히 해서 멋진 보디빌더의 육체를 갖고야 말겠다는 목표를 세웠습니다.

　주변의 조롱은 아무래도 상관없습니다. 주변의 조롱이 내 목표를 이루는 데 도움을 주는 것도 없고, 방해를 하는 것도 없습니다. 내 목표는 오직 나에게 달려 있습니다. 옆 사람이 아무리 뒤에서 나를 조롱하더라도, 나는 바뀌지 않습니다. 그러니까, 갑자기 수학문제에서 실수하게 되고, 살이 찌게 되고, 내 실력이 떨어지게 되는 것이 아닙니다. 대신 듣게 되면 마음이 아플 순 있겠지만, 엄밀하게 목표와 나의 관계는 바뀔 것이 없죠.

　없던 목표를 세우니 방법들을 찾게 되었습니다. 그러니까, 집 앞에 있는 슈퍼마켓에 가려면 그냥 걸어가면 되죠. 그런데 서울로 올라가려면(부산이 고향입니다.) 버스든 기차든 비행기든 방법을 찾아야 하는 겁니다. 공부도 운동도 마찬가지였습니다. 높은 목표를 세우니 그것을 이루기 위한 방법들을 찾게 되었습니다.

　강의를 들으며, 개념서를 읽고, 문제를 풀고, 테스트를 해 보는 것이죠. 근육의 움직임에 집중을 한 상태로, 이를 악물고 하나 더, 하나 더, 마지막으로 하나 더! 운동을 하는 것이죠.

　목표를 세우고 노력을 하기 시작한 첫날은 얼떨떨했습니다. 그리 힘들다거나 어렵다거나 고통스럽다는 생각은 들지 않았습니다. 그렇게 저는 노력에 입문했습니다.

5.
벌써 하기 싫은데요?

벌써 하기 싫어졌습니다. 책상 앞에 앉아서 꼼짝도 못하고, 문제와 씨름하는 일이 이렇게나 힘들 줄 몰랐습니다. 도대체 반에서 1등하는 저 친구는 어떤 인간이길래 그렇게 높은 수학점수를 받을 수 있는 걸까요? 분명 다른 인간일 것이 뻔하다 생각했습니다. 중학생인데 벌써 복근이 있는 저 친구도 타고난 인간일 거라 추측했죠. 저는 운동을 한다고 하는데, 여전히 뱃살만 두둑했습니다. 저는 아쉽게도 열심히 해도 변화가 없는 것 같았습니다.

그래도 너무 잘하고 싶었습니다. 1등 해 보고 싶었습니다. 그럼 정말 소원이 없을 것 같았죠.

잘하고 싶으면 어떻게 해야 할까요?

잘하고 싶다는 마음은 남들보다 더 잘하고 싶다는 뜻과도 같습니다. 여기서 반드시 알아야 하는 점은 남들보다 더 잘한다는 것은 남들과는 다르다는 뜻입니다. 남들과는 다르다는 것을 구체화하면, 평소 하는 행동이 다름을 뜻합니다.

쉽게 말해, 남들 피씨방 갈 때, 본인은 독서실 가야 하고요. 남들 정크푸드 먹을 때, 본인은 샐러드를 먹어야 합니다. 남들 술 마시고 놀 때, 일해야 합니다.

저는 그렇게 했습니다.

친구들이 하고 싶은 것을 할 때, 저는 하기 싫은 것을 했습니다.

참 역설적입니다.

원하는 인생을 살기 위해서는 하기 싫은 일들을 많이 해야만 했습니다.

하고 싶은 일을 많이 하면 원하는 인생을 살 수가 없을 것 같더라고요.

피씨방을 들락날락거려서는 내가 원하는 대학교에 진학할 수가 없을 겁니다. 절대로요.

정크푸드를 먹다 보면 거울을 봤을 때, 흉한 몸뚱어리를 볼 수밖에 없죠.

친구들과 피씨방에 가서 게임을 하는 것은 정말 좋았습니다. 정말 너무나도 좋았습니다. 그런데 그렇게 해서는 내가 원하는 인생을 살 수 없을 것을 알게 되었습니다.

독서실에 다니고, 샐러드를 먹으며, 남들 놀 때, 쓸쓸하게 공부를 하고 운동을 하는 것은 정말 싫었습니다. 제 주변에는 누구도 그렇게 하지 않았습니다. 참고 또 참고 했습니다. 변화가 보이지 않아도, 변함없이 꾸준히 버텨 보았습니다.

6.
조금 달라진 것 같기도 하다

돌이켜 보면, 삶에 있어 고통은 항상 있었습니다. 그런데 다른 것이 있다면, 그 중 성장이 있는 삶도 있고, 성장이 없는 삶도 있습니다.

노력하지 않고 부정적인 현실을 만들어 가며 고통을 받든가, 노력을 하며 고통을 받는 대신 긍정적인 현실을 만들어 가는 것. 이 두 가지로 나뉘었습니다.

아무래도 정답은 고통을 적극적으로, 반갑게 맞이하는 것이지 싶습니다. 반에서 중간고사를 쳤는데 이제 5등이 되었습니다. 중학교 2학년 때쯤 일입니다. 여전히 뚱뚱했지만, 알통이 볼록해졌습니다. 고통이 곧 실력 향상임을 몸소 이해하기 시작했습니다. 확신은 없지만, 아마 그럴 수도 있겠다는 생각이 들었죠. 그때부터 오히려 고통이 다르게 여겨지기 시작했습니다. 고통을 사랑하게 되니 더 이상 고통이 내가 알던 그 고통이 아니게 되었죠.

7.
반에서 1등을 해 보고 싶다

　반에서 1등이 너무 하고 싶었습니다. 실력은 한참 모자랐죠. 시험을 치고 나면, 공부를 잘하는 친구들에게 가서 시험지를 맞춰 보곤 했습니다. '이 문제는 내가 맞힌 것 같은데…' 하는 생각이 들더라도, 막상 답안지가 나오면 제가 틀렸더라고요. 분했습니다. 이상하게 그 친구가 시험을 더 잘 친다고 해서, 내 점수가 깎이는 것도 아닌데, 시기심이 생기고 질투가 났습니다. 나중에 가서는 그 친구가 시험을 망치기를 바라기까지 했습니다. 그런 감정이 드는 것을 자각하고는 참 부끄럽기도 했습니다.

　모든 사람들은 더 나은 삶을 살고 싶어 합니다. 승리하고 싶고, 성공하고 싶고, 쟁취하고 싶고, 잘 하고 싶습니다. 본인의 본질적인 가치를 상승시켜 더 나은 존재로 나아가고 싶어 합니다. 참 중요한 부분이고, 바람직합니다. 미리 말씀드리자면, 그런 마음이 있었기에 저는 다른 인생을 살 수 있었거든요.

　그런데, 여기서, 발생할 수 있는 문제가 있습니다. 내가 승리하고 성공하고 쟁취하고 잘 하지 못하더라도 마치 그런 가치를 만들어 낸 것 같은 착각이 들 수 있습니다. 타인이 패배하고 실패하고 손해보고 못 하는 것에서 마치 본인이 상대적으로 더 나아졌다는 느낌을 받는 것이죠.

나와 상대를 두고, 내가 더 나은 존재가 되는 것으로 상대와의 차이를 만들어 낼 수 있습니다. 또 상대가 더 실패하는 존재가 되는 것으로도 상대와의 차이가 만들어질 수 있습니다.

정말 많은 사람들이 타인의 실패로부터 본인의 가치를 확인하는 경향이 있습니다. 이는 사회적으로 바람직하지 않을뿐더러, 본인의 잠재적 성장성까지 저해시키는 일입니다. 반드시 고쳐야만 하는 부분입니다.

타인의 실패로부터 상대적인 가치의 상승감을 느끼는 것은 실제 본인의 성장과는 무관하지만, 그에서 오는 긍정적인 감정을 대체합니다. 결국, 타인의 실패에서 성취감을 느끼게 되는 잘못된 방향으로 나아가게 되는 것이죠. 이러한 부류의 사람은 사회적으로 기여할 수 없는 성질을 갖게 되며, 그럼에 따라 무능해집니다. 그 누구도, 나의 실패를 원하는 사람과 일을 하고 싶어 하지 않습니다. 그런 사람에게 일을 맡기고 싶어 하지도 않겠죠. 저는 이런 시기심과 질투심을 반드시 고쳐야만 했습니다. 공부만 잘하는 못된 학생이 되고 싶진 않았으니까요.

그럴수록 더더욱 나의 실질적 성장에 집중했습니다. 결국은 내가 잘하는 것이 답이라는 것을 깨닫게 되었습니다.

"삶은 자기 자신을 찾는 여정이 아니라 자기 자신을 만드는 과정이다."

- 조지 버나드 쇼

"진정한 사랑은 나 자신을 사랑하는 것에서 시작한다."

- BTS(방탄소년단)

8.
어쩌면 내가 그토록 노력한 또 다른 이유

사랑이 당연한 줄 알고 뭣도 모르고 사랑을 받았던 어린 시절이 지났습니다. 어느새, 어머니의 마음도, 아버지의 마음도 조금은 이해할 수 있게 되었습니다. '정말 나를 사랑하시는구나.' 부모님의 마음을 이해하게 되자, 더욱 노력을 해야겠다는 마음이 들었습니다. 자식으로서 자랑이 되고 싶었습니다. 부모님이 친구들과 대화를 할 때, 나라는 아들이 골칫덩이가 아니라, 그들의 자부심이 되기를 바랐습니다. 그래서 저는 더 잘해야만 했습니다.

내 자신이 찌질하고, 모자란 것이 괜찮지 않았습니다. 그것은 나를 사랑하지 않는다는 증거이고, 내가 나를 조금씩 포기해 간다는 뜻이죠. 그리고 더욱이, 나를 사랑하는 소중하고 귀한 사람들에 대한 배신이기도 합니다.

나를 더 사랑해야만 했습니다. 그러기 위해서 노력을 해야만 했고요. 자기 자신을 사랑하지 못하는 이유는 다른 것이 없습니다. 본인이 그저 그렇고, 별로이기 때문입니다. 자기 자신을 진정으로 사랑하는 사람은 그런 스스로를 참을 수 없습니다. 그래서 노력합니다. 부단히 노력합니다. 더 나은 자신으로 만들고 싶기 때문이죠. 스스로에게 기대하는 바가 많거든요.

자기 자신을 사랑해야만 하는 이유가 여기 있습니다. 내가 사랑하는 사람들을 가치 있고 멋지게 만들 수 있는 최고의 방법입니다. 예를 들어 봅시다. 자존감도 없고 자기 자신을 사랑하지도 않는 사람이 부모님께, 또는 진정으로 사랑하는 사람에게 진심으로 '나는 너를 사랑해.'라고 한다고 합시다. 그 고백을 받은 사람은 자존감도 없고 자기 자신을 사랑하지 않는 사람에게서 고백을 받은 겁니다. 솔직히 말해, 진심이 담겨져 있을지라도, 그저 그런 고백을 받은 겁니다.

저는 그렇게 노력을 통해, 나를 사랑하고, 부모님을 사랑하고, 미래의 배우자를 사랑할 준비를 해 온 것일지 모르겠습니다.

자존감을 갖기 어려운 것은 당연합니다. 남들과 비교하는 습관을 없앤다고 해서, 남들에게 칭찬을 받는다고 해서 얻어지는 것이 아닙니다. 스스로를 사랑하여서, 또 미워하여서, 노력하고, 고통을 겪어야만 얻어지는 감정입니다. 애초에 '자존감을 가지자.' 이렇게 말만 해서는 얻어질 수가 없는 쉽지 않은 가치입니다.

저는 중학교를 졸업할 때, 학업 우수자 중 한 명으로 선정이 되어 부모님이 보는 앞에서 교장선생님께 상장을 받을 수 있었습니다. 그 순간이 제게는 참 귀하고 기쁩니다.

9.
내가 될까?

'내가 될까?' '지금 이 성적으로 정말 꾸준히 노력하고 또 노력하면 내가 원하는 목표를 달성할 수 있을까?' '내가 될까?' '나와 비슷한 출발선에서 시작한 사람이 위대한 결과를 이룬 경우가 있을까?'

수도 없이 회의했습니다. 낮은 성적에서 시작해서, 결국은 명문대학교 진학에 성공한 합격수기들을 읽고 또 읽어도, 의심이 생겼습니다.

'내가 될까?' 도무지 알 수 없는 답이지만, 끊임없이 저를 괴롭히는 부정적인 회의감이었습니다. 알고 있었죠. 어차피 그 순간 미래를 알 길은 없다는 것을 말이죠. 명쾌한 해답은 없다는 것을 말입니다.

지나고 보니, 그렇더라고요. 노력을 하는 과정 속에서 생기는 부정적인 감정은 부정적이지 않습니다.

목표를 설정해두고, 노력을 하다 보면,

회의감이 생깁니다. '내가 될까?' 부정적인 감정이죠. 이 뜻은 지금 꽤 어려운 일을 도전하고 있다는 증거입니다. 가치 있는 일은 어렵습니다. 그 어려운 일을 성공적으로 이루어 내기 위해 노력하고 있다는 것은 그 자체만으로 의미가 큽니다.

주변 사람들로부터 소외감을 느낍니다. '저 녀석, 진짜 서울대에 갈 수 있을 거라고 생각하나?' 등으로부터 유발되는 소외감이죠. 이건 본인이 꽤나 독자적으로 자신만의 길을 찾아 나서고 있다는 증거가 됩니다.

 너무 하기 싫을 겁니다. 그것은 다른 사람에게도 똑같이 적용이 됩니다. 타인이 해낼 가능성이 낮은 일입니다. 즉, 만약 해낸다면, 당신만의 고유의 성공이 될 수 있다는 증거가 되죠. 역으로, 그 만큼 타인에게 의미 있는 영감을 줄 수 있는 경험이 될 수 있습니다. 특별한 일이 아니어도 됩니다. 모두가 하는 일을 조금 더 잘하는 것으로도 충분합니다.

 이처럼 노력에 동반된 부정적인 감정은 오히려 그 노력의 가치를 확인해 주는 역할을 합니다.

 멈추라는 신호가 아닙니다. 성장하고 있다는 신호입니다.

 계속 나아가야 합니다.

10.
부담이 아니라 희망

제 아버지는 서울대학교 철학과 출신이십니다. 그래서 지금의 저도 철학을 좋아하나 봅니다. 그나저나 그러한 사실을 저는 아주 어릴 적부터 친할머니로부터 귀에 못이 박히도록 들어 왔습니다.

"너희 아부지가 어릴 때 그렇게 영리했다. 서울대도 장학금을 받고 들어갔다. 욱아. 니도 꼭 똑똑하고 훌륭한 사람이 되어야 한다." 이렇게 말입니다. 정말 저와 눈이 마주칠 때마다, 그렇게 말씀하셨습니다. 아버지께 '아한테 그만해요! 좀!'하며 화를 내실 정도였죠.

친할머니께서는 제가 잘되기를 바라는 마음이었을 겁니다. 그렇지만, 부담감 역시 같이 생기기 마련이죠. 그런데 지나고 보니, 부담감은 중요한 것이 아니었습니다. 부담감보다 더 중요한 건 더 나은 사람이 될 수 있다는 희망이었습니다. 제 친할머니는 부담을 주려고 한 게 아니라 희망을 주려고 하신 겁니다.

우리 모두는 더 나은 사람이 될 수 있습니다. 더 잘할 수 있는데, 더 좋은 인생을 살 수 있는데, 왜 그렇게 하지 않습니까?

그것 대신 선택하는 것이라곤, 그저 몇 잔의 술, 몇 판의 게임, 몇 편의 숏폼 영상들일 텐데, 어째서 당신이 될 수 있는 최고의 당신을 만들어 가려 하지 않고, 거기쯤에서 멈추기를 택하는 겁니까?

누군가 제게 말했습니다.

'세상 사람들 모두가 그렇게까지 살고 싶은 건 아냐. 그저 그런 상태에도 만족하며 살아가는 사람들이 있다니까.'

저는 이 말을 도저히 믿을 수가 없습니다.

더 나은 인생을 살 수 있는데, 그것을 마다하는 사람이 있을 리가 있나요? 만약, 스스로를 포기한 사람에게 본인이 인생을 제대로 살게 되면 본인이 살게 될 최고의 인생을 미리 보여 줄 수만 있다면, 그는 누구보다 미친 듯 노력하며 살 겁니다.

그렇죠?

세상 모든 사람은 더 나은 인생을 원합니다. 그저 확신이 없을 뿐이고, 그저 불안할 뿐이라, 노력하지 않고, 도전하지 않는 것이죠. 이 부분을 해결할 수 있다면, 모두가 더 나은 인생을 위해 노력할 것이라 생각합니다.

이 글을 읽는 여러분도 꼭 훌륭하고 똑똑하고 성실하고 멋진 사람으로 성장하시기를 간절히 바랍니다.

11.
왜 굳이 높은 목표를 세워서 고생을 할까

 어느덧 고3이 되었습니다. 정신을 차리고 보니, 학교에서 가장 공부를 잘하는 학생이 되어 있었습니다. 그만큼 공부에 미쳐 있었습니다. 고3 때, 담임선생님은 저를 보며, 핵폭탄이 떨어져도 책상에서 공부할 녀석이라고 하셨죠. (아직도 감사한 마음을 갖고 있습니다. 선생님.)
 종종 공부를 하다 보면, '왜 굳이 더 어려운 목표, 더 높은 목표를 향해 노력을 해야 할까? 난 이미 충분한데…' 하는 의구심이 자꾸 듭니다. 자꾸 목표가 높아서 무섭고 부담이 되니까 포기하고 싶은 마음이 생겨나죠. 약해지기 쉽습니다.
 '필요 이상으로 노력할 필요가 있을까? 그만두고 싶다.'
 필요 이상으로 높은 목표에 어깨가 짓눌려 부담스럽고 힘들 때가 있습니다.
 그런데 말입니다. 아무리 강한 사자와 호랑이라도 필요 이상으로 사냥하지 않습니다. 그럴 필요가 없습니다. 그렇게 했다가는 사냥으로 인한 위험을 더 마주하게 될 것이고, 이미 배가 부른 상태에서 사냥하고 남은 고기는 썩어 버릴 테니까요. 한 마디로 필요 이상으로 사냥하게 되면, 무용지물이 됩니다. 사냥하다가 물소의 뿔에 부딪혀 큰 부상을 입을 가능성만 높아지는 것이죠.

그렇습니다. 자연에서는 필요 이상이란 곧 무용지물과 같습니다.

인간사회에서는 그렇지 않죠. 필요 이상을 덕목처럼 여깁니다. 죽어도 다 쓰지 못할 정도로 많은, 필요 이상의 돈을 원하고, 다 소모시키지도 못할 많은 칼로리 섭취를 합니다. 필요한 것 이상의 소유욕으로 인해 물건을 쌓아 두기도 하죠.

반대로 생각하면 좋습니다. 필요한 것보다 조금 모자라게 취하는 것을 싫어합니다. 심지어, 나로서는 충분하더라도, 타인보다 모자란 것 같다면, 욕심을 냅니다. 또 필요 이상을 원하게 되죠.

부자연스럽습니다. 필요 이상이라는 단어 자체가 부자연스러운 겁니다. 그렇기에 그것을 추구하는 과정에서 우리는 힘들 수밖에 없죠. 마치, 어차피 먹지도 못할 썩어 부패할 고기를 위해 고군분투하는 멍청한 사자와 같은 것이죠.

그렇다면 어찌해야 하는 것일까? 우리는 늘 필요 이상을 위해 노력한다는 것을 인지하면 됩니다. 필요는 이미 충족되어 있으며, 오직 더 큰 의미와 가치를 위해 추가적인 노력을 자의적으로 한다는 것을 인지한다면, 지금 하고 있는 그 노력이 그렇게까지 죽을 맛은 아닐 겁니다. 그렇게 까지 고통스럽게 하기 싫게 느껴지지는 않을 겁니다.

그러니 조금은 기분 좋게 그리고 어깨에 힘을 빼고, 노력을 해 봅시다.

12.
공부를 잘하고 난 뒤에
얻은 깨달음

고3, 정말 열심히 보냈습니다. 어쩌면, 중학생 때부터 차근차근 열심히 하기 시작하면서, 더 열심히 하는 법을 배운 것이 제 학창시절의 가장 큰 성과일지 모르겠습니다. 그렇게 공부를 잘하게 되면서 깨달은 점이 있습니다.

인생은 공부를 잘하는 것만으로는 결코 잘 살 수는 없습니다만, 공부를 잘하는 것으로 훌륭한 교훈은 얻어 갈 수 있습니다. 아주 유용하다고 생각하는 부분인데요.

쉬운 문제로는 성취감을 얻을 수 없다는 겁니다. 모의고사 시험지를 매길 때, 첫 번째 장을 매기며 다 맞더라도 전혀 기쁘지 않습니다. 왜냐하면, 쉬운 문제들로 구성되어 있거든요. 그렇기 때문에 거기서는 어떤 기쁨도 보람도 가치도 의미도 성취감도 얻을 수 없습니다. 완벽하게 다 맞더라도 말이죠.

반면, 어려운 문제들, 소위 말해 킬러문제들이 분포해 있는 페이지를 다 맞히고 넘어간다면, 짜릿한 쾌감이 느껴집니다. '아싸!' 어려운 문제, 골치 아픈 문제들만이 제게 성취감과 의미를 줄 수 있었죠.

인생도 마찬가지입니다. 살아가다 보면, 정말 쉽게만 살고 싶지만, 그렇게 살아서는 아무런 만족을 느낄 수 없습니다. 쉽지만, 높은 수준의 성취감과 행복감을 느끼며 살고 싶다라는 마음은 현실화될 수 없는 겁니다.

우리는 높은 수준의 행복을 느끼고 싶고, 삶이 주는 고귀한 가치를 경험해 보고 싶죠. 그러기 위해서는 인생이 좀 힘들어야 합니다. 골치 아픈 문제도 생겨야 하고요. 심장이 덜컹 내려앉는 듯한 느낌이 드는 킬러문제도 만나 봐야 합니다.

이것들을 잘 풀어 나가고 나서야, 웃음 지을 수 있더라고요.

학창시절, 오랜 시간의 공부가 제게 알려 준 꽤나 유용한 교훈입니다.

13.
모든 것이 무너진 것만 같았다

지옥 같던, 그만큼 뜨겁게 치열했던 고3이 끝났습니다. 입시 결과는 어땠냐고요? 불합격이었습니다. 1차 합격에 이은 2차 불합격입니다. 정말이지 무너졌습니다. 태어나서 그렇게 눈물이 쏟아졌던 건, 기르던 강아지가 하늘나라로 간 뒤로는 처음이었습니다. 그토록 열심히 하고 열심히 했는데, 내가 가장 열심히 했는데… 마치 제가 피해자가 된 것 같았습니다. 세상을, 제도를, 수능출제위원을, 모두를 탓하고 싶었습니다.

그래도 결과는 바뀌지 않습니다. 나 자신이 상처받은 것을 본인이 피해자가 되었다고 여겨선 안 된다는 뜻입니다.

실제로 사회나 환경 타인을 가해자로 만들며, 세상 탓을 하며 자신을 피해자로 만드는 습관은 반드시 버려야 합니다.

수능시험 점수가 낮아 대입에서 떨어졌죠. 나의 능력이 부족했던 것이지, 입시제도가 부당했던 것이 아니라는 뜻입니다.

삶을 살아가는 태도는 크게 희생자, 해결자로 나뉩니다.

희생자의 태도는 이러합니다.

이것은 내 잘못이 아닙니다. 저 사람의 실수로 기인한 일입니다. 사회의 탓입니다. 제 집안 환경의 탓입니다. 하필 문제를 어렵게 낸 출제위원 때문입니다. 몸이 병약하게 태어난 까닭입니다. 등등.

이러한 태도는 그 자체로 종결입니다. 그러니까, 본인이 무엇을 어찌하겠다는 결론으로 이어지지 않습니다. 결론입니다.

해결자의 태도는 이러합니다.

제가 해결해 보겠습니다. 아마 이 문제 때문에 그런 것 같은데, 다른 부서에서 조언을 구해 보겠습니다. 조금 더 고민하면 풀 수 있을 문제입니다. 단련을 하고 훈련을 하면 지금보다 잘할 수 있습니다. 등등.

이러한 태도는 과정입니다. 그러니까, 본인이 무엇을 어찌해서 더 좋은 결론을 제시하겠다는 것이죠. 과정입니다.

스스로 희생자의 삶을 살아가는 사람은 아쉽지만, 그 시점이 인생의 최고점입니다.

스스로 해결자의 삶을 살아가는 사람은 다행스럽게도, 그 시점이 인생의 최저점입니다.

저는 후자로 살아가기로 다짐하고 재수를 시작했습니다.

14.
땅만 보고 뛰자

'목표는 마라톤 완주인데, 나는 지금 출발선에 있구나.' 한탄하면서 잠시 동안 하염없이 정상만 바라봤습니다. 그러다가 문득 생각이 들더라고요. '보이지도 않을 도착지점을 상상만하고 있는 상태는 한 치도 그 바라보고 있는 도착지점과 가까워지고 있는 순간은 아니다.'라고요. 그렇게 재수를 시작했습니다.

그래서 바닥을 보며 넘어지지 않게 한 걸음 한 걸음 뛰었습니다. 그러다가 3월 모의고사를 치게 되었습니다. 담임선생님께서 챙겨 주셨죠. 거기서 저는 국영수 과목 모두를 1등급을 받게 되었습니다. 실력은 여전했습니다. 다행스런 마음으로 차근차근 해 보기로 했습니다.

저는 삶의 목표를 정하고 그것을 위해 노력하는 일이 참 마라톤과 비슷하다고 생각합니다. 마라톤을 시작하기 전에는 늘 다짐합니다. 어차피 결승선은 한참 뒤에 있으니, 그 생각은 접어 두자고요. 그저 한 발 한 발 페이스를 맞추며 뛰는 것에만 집중하자고요.

뛰다 보면 자꾸 저 멀리를 보게 됩니다. 아무리 그래도 결승선이 보이지 않죠.

그러다 멍하니 앞만 보고 뛰게 됩니다. 당장 다음 디딜 발 자리의 감각에만 집중합니다. 끈질기게요. 그렇게 오랫동안 꾸준하다가 표지판을 보면 꽤 멀리 지나와 있습니다.

　마찬가지로 공부 계획을 세우고 직접 하다 보면 '나의 실력은 어느 정도지? 앞으로 무엇을 해야 하지?' 역시 알 수 없습니다. 더욱이 다시 마라톤으로 돌아와 보면 내가 가야 할 길은 너무도 길어서 보이지 않습니다. 그저 바로 앞만 보고 뛰게 되지요. 공부도 그렇습니다. 내일 무슨 공부 하지 생각해도 안 됩니다. 지금 내 눈 아래 있는 책을 보고 공부를 해야 하지요. 끈질기게요. 그러다 보면 어느 샌가 꽤 성장해 있습니다.

　실질적으로 미래를 그리고, 예상해서 미래를 살기는 현재에서는 할 수 없습니다. 미래의 일은 그 미래가 현재가 되었을 때에만 할 수 있는 것입니다. 고로 모든 일은 현재에만 할 수 있습니다.

"핑계를 잘 대는 사람은 좋은 일을 거의 하나도 해내지 못한다."
- 벤자민 프랭클린

"할 수 있냐 없냐는 중요하지 않아, 하고 싶으니까 하는 거야."
- <원피스>

15.
어느새 내 인생은
많이 바뀌었다

 내 인생은 언제 바뀔까? 하는 의심의 연속이었던 지난날들이었습니다. 돌이켜 보면, 사소하지만 가슴이 덜컹하는 위기의 순간, 큰 문제가 발생한 순간, 처절하게 실패한 순간들이 모두 모여 저를 바꾸었습니다. 외모가 별로고, 성격이 소심하고, 체력이 약하고, 두뇌회전이 느려서, 도저히 내 인생이 괜찮아질 것 같지 않아도, 상관없습니다. 바뀔 수 있으니까요. 여전히, 재수생이지만, 중학생 시절의 찐따와는 다릅니다.
 과거의 저는 참 운이 좋게도 처절한 실패의 순간을 많이 만났습니다. 정말 오랫동안 짝사랑만 하던 초등학교 동창 그녀에게는 아예 마음조차 제대로 전달하지 못하는 실패를 했죠. 그렇게 초등학교를 졸업하고도 아주 오랫동안 좋아했었습니다. 오랫동안 배웠던 태권도, 시합에 나가서는 1초 만에 K.O 패를 당했죠. 이런 성적으로는 지방국립대는 꿈도 못 꾼다는 한 선생님의 객관적인 평가에 심장이 덜컹 내려앉기도 했습니다. 이렇게 모든 처절한 실패의 순간이 내 인생을 바꾸었습니다.
 중학교 시절, 제 외모는 형편없었습니다. 키도 아주 작았습니다. 뚱뚱하기까지 한데다가, 소심한 성격이고, 늘 조마조마하는 그런 타입의 찐따였습니다. 그래도 늘 더 나은 삶을 꿈꾸었습니다. 의심투성이 꿈이었지만 말이죠. 내 인생은 앞으로 문제투성이라도, 결국 이겨 내고 잘 해결해 낼 것이라고 믿으려고 노력했습니다. 물론, 그렇게 잘 믿기진 않았죠. 걱정과 의심이 앞섰습니다. 당연합니다. 그래도, 그리고 그렇게 하는 겁니다.

우리 모두의 인생에는 항상 문제가 있다. 정말 항상 있습니다. 그리고 그 문제를 대하는 태도는 천차만별입니다. 저는 끝까지 최선을 다하는 것을 택했습니다. 해결하든, 해결하지 못하든, 성공하든 실패하든, 합격하든 불합격하든 상관없습니다. 최선을 다하는 것을 택했습니다. 잘하기 위해 최선을 다했습니다. 그리고 모든 실패는 나를 더 노력하게 만들었습니다. 너무 슬프고 분했으니까. 도저히 거기서 멈추고 포기하기 싫었습니다. 어떻게든 다시, 다시, 다시 해서 더 잘 하려고 했습니다.

그러한 오랜 기간의 노력을 통해 얻은 인생의 교훈이 있다면, 우리의 인생은 어떤 길을 택했었더라도 문제투성이일 것이며, 그 문제투성이를 해결해 나가는 과정에서 우리의 인생이 개선이 된다는 것입니다. 달리 말해, 문제가 있어야만, 내 인생이 나아질 수 있습니다.

그래서 지금은 어떤 인생을 살고 있냐고요? 그건 차차 알려 드리도록 하겠습니다.

걱정과 문제가 많은 것은 사실은 문제가 아닙니다. 그 걱정과 문제를 외면하는 것이 진짜 문제입니다. 해결하려고만 한다면, 반드시 우리는 더 나은 사람으로 성장합니다. 쉽게 예를 들어 보면, 아무리 무거운 바벨을 들고 내리고 해도, 그 바벨은 사라지지 않지만, 우리의 몸은 강인해지죠. 역시 내 인생의 문제를 아무리 없애려고 노력하고 또 노력해도, 문제는 결코 사라지지 않지만, 우리의 인생은 좀 더 훌륭해지는 겁니다.

어떤가요? 이제 실패와 문제, 걱정거리들이 그렇게 나빠 보이진 않을 겁니다. 조금은 가벼운 마음으로 문제들을 해결하러 가 봅시다.

"나는 믿어 왔고, 지금 또한 여전히 믿고 있다. 우리의 살아오는 길에 다가올 수 있는 좋거나 나쁜 운들이 무엇이든지 간에 항상 가치 있는 것으로 그것을 변형할 수 있고 의미를 부여할 수 있다는 것을."

- 헤르만 헤세

16.
뜻하지 않은 사고

　재수하는 동안 겪었던 일입니다. 공부를 하는 와중에, 고등학교 선생님을 뵈러 찾아가고 있었습니다. 비오는 날 이었고, 밤이었습니다. 횡단보도 앞에서 신호가 바뀌기를 기다렸습니다. 꽤 크고 긴 횡단보도였습니다.
　아무튼 걷고 있는데, 쿵! 하고 뭔가 세상이 핑 돌더니 제가 엎드려 있더군요. 피가 나고 있었고요. 그때 든 생각이 '아, 왜 이렇게 재수가 없지. 나는…'이었습니다. 그 가해자의 차를 타고 병원으로 갔습니다.
　당시, 부모님께서 일 때문에 서울에 가고 있었습니다. 그래서 작은외삼촌이 대신 오셨습니다. 먼저, 종합병원으로 가서 응급처치를 받았습니다. 부모님께서 더 큰 병원으로 가라고 하셔서 대학병원으로 가려던 참이었습니다. 부모님이 저를 엄청나게 걱정하시는 것이 느껴졌습니다. 그래서 과속해서 부산으로 오시다가 사고라도 나면 어쩔까 생각도 들더군요. 그래서 일단 괜찮은 척을 하기로 했습니다. 아니, 사실 버틸 만했습니다. 무릎이 좀 잘 안 써지고, 팔꿈치가 아프고, 머리에서 피가 좀 나긴 했었습니다.
　"작은외삼촌, 저 너무 배가 고파서 그런데요. 저기서 국밥 한 그릇만 먹고 가지요."
　"닌 지금 국밥이 입에 들어가나? 괜찮나?"

"병원 밥 맛 없잖아요. 들어가기 전에 먹고 가게요."
"그래. 알았다."

그렇게 국밥 한 그릇 먹고, CT 촬영하고, 큰 이상은 없어서 종합병원에 입원을 하게 되었습니다. 누워 있다 보니 부모님께서 반은 우시면서 들어오시더군요. 슬프더라고요.

사고 낸 사람에게는 화도 났고요. 아니 무슨, 분명히 신호를 봤을 텐데, 어찌 그리 속도를 밟았는지 말이죠. 작은외삼촌은 당시 사고를 낸 사람이 음주운전 한 것은 아닌지, 차를 멈추라는 빨간 불 신호를 보고도 속도를 밟았는지 여부를 체크하시더라고요. 음주운전을 한 것은 아니었습니다. 과속을 한 것은 맞았고요. 그 차에 치인 것은 저고요.

병실에 누워있을 때는 한숨이 끊임없이 나오더라고요. '지금 내가 이러고 있을 때가 아닌데, 재수생인데 나는, 내가 뭘 그리 욕심을 냈다고 이런 사고를 당할까. 그냥 공부나 좀 하겠다는데…' 한 2주일 정도 입원을 했더니, 괜찮더라고요. 퇴원하겠다고 떼를 썼습니다. 그 당시는 뭐 보험금, 합의금 이런 것들보다도 그냥 제 할 일이 더 중요했습니다. 빨리 공부를 시작해야 했고, 운동도 하체 운동 말고는 할 수 있었으니까 하겠다고 했습니다. 병원에서 안 된다고 했지만, 바로 퇴원해 버렸습니다. 책임은 제가 지는 것이겠죠. 내 인생 누가 대신 살아 줄 것도 아니고, 책임져 줄 것도 아니잖아요. 내 삶에서 지금 당장 뭐가 중요한 일인지는 내가 판단하는 거고 책임지는 거니까요.

그래서 당신이 조금이라도 나아지고 있는가.

핵심 질문입니다. 나는 왜 이렇게 불운한가 하며 불평불만을 늘어놓을 수 있었습니다. 그런데, 그렇게 한다고 해서 무엇이 나아집니까? 아무것도 나아지는 것이 없죠. 정말 아무것도 나아지는 것이 없는데, 그 행동을 왜 취하겠습니까.

당장 할 수 있는 것이 뭡니까? 치료를 받는 것과 공부였습니다. 병실에서도 할 수 있는 것이 공부였습니다. 간만에 조금 색다른 공간에서 공부를 하려니, 또 그것도 나름 나쁘지 않았습니다.

사고가 났죠. 그 시기에 할 수 있는 가장 좋은 선택은 치료입니다. 치료를 하며, 공부를 할 수 있을 정도로 정신이 차려져서, 이를 병행했습니다. 여전히 머리는 부어 있지만, 그래도 저는 제 목표를 이루기 위한 최선의 선택을 내릴 순 있습니다.

인생 대부분이 그렇습니다. 지금 현재 상황을 받아들이고, 그 상황에서 최선의 선택을 내리면 됩니다. 그러니까, 숏폼을 보며, 컴퓨터 게임을 하며, 정크푸드를 먹으면서, 인생에 대해 불평불만을 하는 것은 절대 최선의 선택이 아니라는 겁니다.

강의를 듣고, 공부를 하며, 식단관리를 하면서, 인생에 대한 희망을 품는 것.

지금보단 나아질 수 있는 선택은 늘 가능합니다.

"성숙의 첫걸음은 자기가 책임을 지겠다는 각오를 가지고 인생을 대하는 것이다."

- 이외수

"나를 파괴시키지 못하는 것은 무엇이든지 나를 강하게 만들 뿐이다."

- 프리드리히 니체

17.
목표했던 것과는
전혀 다른 길

1년 동안 자유로웠지만 외로웠던 재수가 끝났습니다. 사실 재수학원을 전액장학금을 받으며 다닐 수 있었지만, 혼자 공부하고 싶어, 도서관을 다녔거든요. 중간에 헬스장도 갈 수 있었죠. 그때 자기 자신을 관리하는 능력을 많이 기를 수 있었습니다. 시간이 지나 다시 대학교 원서접수 기간이 왔습니다. 어디에 지원을 할까 생각해 봤습니다.

첫 번째로는 서울대학교 체육교육학과로 정했습니다. 저는 당시 운동을 굉장히 열심히 하던 시기였고, '좋구나. 계속 할 만하겠구나.' 생각이 들더라고요. 솔직히 말해서 진짜로 이 일 아니면 안 되겠다거나 내 운명이고, 천명이다. 그런 것은 없었습니다. 현역 시절 지원했던 인문학부도 마찬가지입니다. 나쁘지는 않아서 지원했었습니다. 두 번째로는 한의학과에 지원하기로 했습니다. 사실 앞서 말씀드리지는 못했는데, 저는 고등학교 문과 출신이었습니다. 문과 수학만 공부했습니다. 재수 시절 뭔가 더 해 보자. 그냥 같은 것들 다시 한 번 더 그대로 공부하기에는 동기가 모자랄 듯싶었어요. 결심을 했지요. 그 어렵다던 이과 수학에 도전해 보기로 했습니다.

물론 단순히 그렇게 도전만 하자는 아니었습니다. 제가 그 정도로 무모

하고 순수한 사람은 아닙니다. 문과생이 수학을 이과 수학을 응시했을 시에는 서울대학교에서는 가산점을 주었던 이유도 있었습니다. 물론 그 가산점이 난이도에 비해서는 비교적 낮았고, 정말로 잘 할 수 있다면 이익이 되는 그런 도박이었죠. 아무튼 이과 수학까지 했었습니다.

정리하자면, 서울대에 가기 위해 이과 수학을 응시한 문과생인 저는 지원 가능한 대학교가 서울대학교, 몇몇 한의대, 의대였습니다.

생각도 할 것이 없었어요. 가능한 곳이 저 세 곳인데 말이죠. 그래서 서울대 체육교육학과, 동신대학교 한의학과를 지원했습니다. 특별한 동기는 없었습니다. 그냥 한 것입니다. 결과는 동신대학교 한의학과에 합격했고, 이곳에 입학하게 되었습니다. 제가 공부를 시작한 동기 또는 목표나 계기와는 전혀 상관없는 한의대였지만, 이 선택이 결국 제 인생에서 가장 큰 의미 중 하나로 자리 잡게 됩니다.

18.
인생의 방향성은
어떻게 정할까?

대학교를 입학한 뒤에는 인생의 방향성에 대한 고민이 많았습니다. 명확한 직업을 향해, 뚜렷하게 원하는 일을 향해 노력을 해야 하는가에 대한 의문이었죠. 급변하는 시대 속에서 현재를 기준으로 미래의 목표를 삼는다면, 막상 생각했던 미래가 다가왔을 때는 전혀 다른 상황이 기다리고 있을지 모릅니다. 예를 들어, 이 학교를 졸업해서, 공부를 열심히 해서, 한 의사가 된다고 해서 충분할까? 하는 의문이 들었습니다. 그렇다면, 어떻게 살아야 할까요?

'내 인생에서 할 수 있는 가장 어려운 일을 하겠다.'

이렇게 정리할 수 있겠습니다. 대부분의 사람들은 반대로 살아갑니다. 내 인생에서 할 수 있는 가장 쉬운 일을 하겠다는 마음으로 살아갑니다. 대화를 해 보면 그렇습니다. 그러니까, 힘든 일은 그만두고, 하루라도 젊은 나이에 일찍 은퇴를 해서, 몰디브에서 칵테일을 마시며 선베드에 누워 있는 꿈을 꿉니다. 그게 옳지 않다는 이야기입니다.

가장 쉬운 일은 누구나 할 수 있는 일입니다. 몰디브에서 칵테일을 마시며 선베드에 편안하게 누워 있는 일은 세상 그 누구나 할 수 있는 일입니다. 꼭 당신이 아니어도 그 일을 할 사람은 차고 넘칩니다. 즉, 당신의 고유성을 발현할 수 없는 일이죠.

그런데 당신 인생에서 할 수 있는 가장 어려운 일은 다릅니다. 이러한 일은 고유합니다. 스포츠 선수로 예시를 들면 이해가 빠릅니다. 킵 초게, 펠프스, 김연아. 마이클 조던, 메시, 우사인 볼트는 고유합니다. 그리고 각자의 인생에서 할 수 있는 가장 어려운 일을 해낸 사람들이죠. 본인만이 만들어 낼 수 있는 가치를 만들어 내고, 본인의 방식으로 타인에게 영감을 주는 사람들입니다. 우리도 그렇게 살아가야 한다는 겁니다.

가장 쉬운 일은 본인의 인생을 성숙시키지 않습니다. 본인의 인생의 가치를 발현시키지 않습니다. 가장 어려운 일이 인생을 성숙시키고, 가치를 발현시킵니다.

여전히 저는 가장 힘든 일을 위해 노력하고 있습니다.

19.
패배할 것을 알고도
도전하라

저는 서울대학교 체육교육학과를 지원했었다고 앞서 말씀드렸습니다. 그 준비를 위해 체대입시학원을 다녔고요. 초등학교 이후 처음으로 학원이라는 곳에 학원비를 내고 다녀 봤습니다. 체대 준비생은 고3 시절 제 반에도 2명이 있었습니다. 하루 종일 잠만 자다가, 수능이 다가오자 공부를 좀 하던 친구들이었습니다. 물론 무시하거나 낮게 보거나 하지는 않았습니다.

다만, 저는 그들의 노고를 몰랐던 것이죠. 학원에 들어가기 전, 저는 뭐든 잘할 수 있을 거라 생각했습니다. 공부가 워낙 힘들었기에, 이보다 몸 쓰는 일이 더 나에게 맞을 것이라고 봤거든요. 저도 웨이트트레이닝은 꾸준히 해 오던 참이었으니까요. 뭣도 모르는 놈이 까분 것이죠. 첫날 원래 준비를 해오던 무리에 합류해서 운동을 했습니다. 숨이 턱까지 차오르는 느낌이 뿌듯하고 기뻤습니다. 저를 가르쳐 주시던 선생님들께서도 너무 훌륭하시고 정신적인 부분에서 배울 점이 너무 많았습니다. 같이 운동을 하게 된 형님, 동생님들 다 좋았습니다.

다만, 문제는 제가 너무 못하더라는 겁니다. 다시 한 번만 더 말할게요. 너무 못하더라는 겁니다. 중학생 시절 아무리 노력해도 이길 수가 없는 그 하루하루 쌓아 온 내 공을 이길 수가 없었던 1등 친구가 떠올랐습니다. 아니, 그 이상이었습니다. '내가 저들보다 더 잘할 수 없겠구나.'라는 생각이 들었습니다. 생각이 아니라 확신이 들었습니다. 그렇더라도 뭐 어쩌겠습니까. 할 수 있는 데까지는 해 봐야 하지 않겠습니까. 그 마음으로 최선을 다했습니다.

아직도 기억에 선합니다. 하루는 해가 뜰락 말락 하는 아침에 오래달리기 연습을 하러 육상트랙이 있는 신라대학교 운동장으로 선생님과 갔습니다. 가보니 눈이 쌓여 있더군요. 저는 속으로 생각을 했습니다.

'아, 이거 눈 얼었다. 뛰면 미끄러져 다칠 수 있다. 시험 얼마 남지 않았는데, 다칠 것 같다고 말해야지.'

"형님(제 마음속으로는 선생님이라고 생각합니다만, 선생님께서 당시 나이 차이가 많지 않으니 형님이라고 부르라 하셔서 부르기는 그렇게 부릅니다.). 이거 아직 트랙이 얼어서요. 뛰다가 미끄러지면 크게 다치겠죠?"

제가 말했습니다.

그러자 선생님이 답하셨습니다.

"지금 이제 해 뜬다. 녹는다. 살살 뛰라."

"네…."

또 다른 일화는 철봉체조를 배우러 어느 체조장이 있는 초등학교에 갔었습니다. 체조장은 실내라 춥거나, 눈이 있거나 하는 핑계를 댈 수 없습니다. 철봉에 매달려 체조를 하기 시작했습니다.

저는 턱걸이는 잘했습니다만, 철봉체조는 못했습니다. 기반이 튼튼하다고 응용을 잘하는 것은 아닌가 봅니다. 아무튼, 하기 시작했는데, 이상하게 그날따라 조금 잘되는 느낌인 겁니다. 그래서 좀 더 용기를 내고 무리를 하다가 착지를 했습니다. 뭔가 느낌이 쎄했습니다. 그러다가 손바닥이 따끔따끔하면서 따뜻하더라고요. 손바닥을 보니 손바닥 피부가 벗겨져 있더군요. 굳은살도 다 날아갔고요.

놀랐습니다. 처음 느껴 보는 감각이었습니다. 저는 이번에는 확신했습니다.

'오늘 운동은 끝이다.'

이 확신과 함께 선생님께 물어봤습니다.

"선생님, 이거 다 나으려면 얼마나 걸리죠? 더 못 할 것 같은데요."

그러자 선생님이 말씀하시더군요.

"손 갖고 와 봐라. 보자. (보시더니) 좀 까졌네. 괘안타. 흉 안 진다." (좀 까진 정도가 아니었고, 흉터 생겼습니다.)

하시며 탄마가루를 제 손바닥에 뿌리시고 제 두 손을 잡고 막 비비시는 겁니다. 저는 벙쪘습니다.

"이제 괘안채?"

진짜 괜찮은 정도까지는 아니었지만, 참을 만했습니다. 결국 다시 훈련을 했습니다.

마지막으로 한 가지 일화만 더 소개하자면, 실기시험 당일이었습니다. 오래달리기를 하는데, 정말 처음으로 그렇게 죽기 살기로 뛰어 봤습니다. 그 전에 연습을 무리하게 해 오던 탓에 경골에 피로골절이 있는 상태라 전날 미리 진통제를 맞고 뛰었었죠.

정말 그동안 운동회나 학교 수업시간에 체력테스트 때 했던 달리기는 달리기가 아니었구나 하는 생각이 들더군요. 숨을 쉬는데 피 맛이 나더라고요. 표현이 적절할지는 모르겠지만, 제가 할 수 있는 표현 안에서는 제

일 가깝습니다.

뒤에 들은 이야기지만, 저희 어머니께서는 제가 달리는 모습을 보면서 우셨답니다. 불쌍했답니다. 저도 제가 그 순간은 불쌍했습니다. 그런데 또 회상을 해 보면 그때의 제가 참 기특합니다. 여러 일화들이 더 있지만, 이만 여기서 마무리하겠습니다.

처음 학원에서 운동을 해 보고 어느 정도 무리인 것을 알게 되었습니다만, 알고도 도전했습니다. 웨이트트레이닝으로 단련해 온 신체적 능력과 체대입시를 위한 신체적 능력은 별개였던 것입니다.

그렇지만 그냥 했습니다. 실패했지만, 승리했습니다. 얻은 것이 너무 많습니다. 이때 제가 배웠던 그 숭고한 가치들은 제 신념을 강화시키고 변화, 발전시켰습니다.

"하늘을 날고 싶은 충동을 느낄 때, 결코 땅을 기라는 데 동의할 수는 없다."

- 헬렌 켈러

쉬어 가는 페이지
- 어머니

　제 어머니는 왕년에 미인이라는 소리를 좀 들었다고 합니다. 그래서 사진을 보았는데, 썩 공감이 가지는 않았습니다. 오히려 젊었을 적보다 지금이 더 예쁘십니다. 아무튼 이 이야기를 하고 싶은 것이 아니라, 저는 제 어머니와 성격이 비슷합니다.
　하루는 어머니와 운동을 가는 길이었습니다. 어머니가 열이 나며, 몸이 으슬으슬 춥다고 하셨습니다. 그러다가 도저히 안 되겠다며, 병원으로 가셨습니다.
　저는 운동을 하러 갔고요. '병원에서 링거 맞고 푹 쉬시면 나아지시겠지.' 생각했습니다. 운동을 하고 있는데, 갑자기 어머니가 헬스장으로 들어오시더라고요.
　"어머니, 병원 안 가셨어요?"
　"주사 한 방 맞고 온 건데, 왜?"
　"아프다면서요."
　"그래도 할 건 해야지."
　어쩜 나랑 이렇게 똑같지라는 생각이 들더라고요.
　또 하루는 어머니가 병문안을 가야 할 일이 생겼다고 하시더라고요. 주변 분이 아프신가 했습니다. 나중에 알고 보니, 어머니께서 자주 가시는 옷 수선집 주인 할머니께서 아프셔서 찾아가셨답니다.

저로서는 당장에 이해가지 않았죠. 자주 찾아가는 가게라고 해서 그 가게의 사장님의 병문안까지 가는 것은 일반적이지는 않으니까요.

그 주인 할머니께서도 "아이고, 제 손님인데, 손님이 병문안까지 와 주시고 이래도 되는 깁니까?" 이렇게 말씀하셨다고 합니다.

저는 어머니께 왜 그렇게까지 걱정하고 챙겨 주셨냐고 물어봤습니다.

"우리 엄마 생각도 나고 그 사장님 살아온 게 너무 가슴이 아프더라. 그 사장님 딸이 일찍 죽었다. 혼자 그래 아등바등 열심히 살아가시는 모습이 너무 짠하더라."

어쩜 이렇게 고운 마음을 가지실 수 있을까요. 다른 사람의 슬프고 안 좋은 일을 외면하지 않고 건넬 수 있는 위로를 건네는 용기 있고 착한 분입니다.

저는 아직 그럴 용기가 부족합니다. 제 단점으로 인지하고 있고 고치려고 합니다. 저는 슬프고 마음 아픈 일은 최대한 외면하려 합니다. 텔레비전에서 희귀병을 앓고 있는 아이들의 고통을 도저히 못 보겠습니다. 아프리카에서 영양실조로 인해 죽어 가는 아이들의 모습을 못 보겠습니다. 사고로 인해 가족 모두를 잃은 한 가장의 슬픈 얼굴을 못 보겠습니다.

제가 아직 약해서 그럽니다. 저도 강해져서 제 어머니처럼 다른 사람의 고통과 슬픔을 직시할 수 있는 그런 사람이 되려 합니다.

20.
성격도 습관이다

결국 저는 한의대에 입학하게 되었습니다. 신입생 시절 하면 가장 떠오르는 것이 많은 사람들을 만났던 것입니다. 신기했습니다. 오랜 기간 혼자 공부해 왔고, 혼자 운동해 왔던 저는 대화가 없는 생활에 익숙했습니다. 처음 본 많은 사람들과 대화하는 것이 새로웠습니다. 여러 선배들을 만나고 술도 많이 마시고 그랬죠.

저랑 마음이 맞는 분들도 많이 봤고, 그렇지 않은 분들도 많이 봤습니다. 처음에는 다 좋았죠. 다 잘해 주시더라고요.

당시에는 몰랐던 부분인데, 당시만 해도 학교에 학술동아리가 여러 개 있었습니다. 그 중 한 가지만 선택해서 들어갈 수 있었고요. 해리포터를 떠올리시면 편하겠습니다. 누구는 그리핀도르, 누구는 슬리데린 뭐 이렇게요. 선배들 입장에서는 재밌고, 좋은 신입생을 본인이 속한 동아리에 데리고 오려고 특히 잘해 줘야 하는 시기였죠.

새내기배움터(OT)에서 처음 만난 선배 동아리로 들어가기로 했습니다. 당일 그 자리에서 결정했어요. 저는 좀 단순한 면이 있습니다. 잘해주셨으니까 들어갔습니다. 생리학 학술 동아리였고, 이름은 '살.모.사'였습니다.

들어가고 보니 다른 동아리에 비해 선후배 간의 위계질서가 강한 편이었습니다. 강한 만큼 또 더 자주 보게 되고, 결속력이 있는 편이었습니다. 또 외향적인 사람들이 모인 집단이라는 느낌도 있고요.

솔직히 말하자면 잘 맞지 않았죠. 여러 사람을 만나며 지내는 것보다 스스로에게만 집중하며 지내던 저였으니까요. 죄송하다 말씀드리고 그만둘까도 생각했습니다만, 나의 성향과 반대되는 집단에 속해 있으면서 새롭게 배울 점이 더 많다는 생각이 들었습니다.

끝까지 남아 있기로 마음먹고, 다사다난한 동아리 생활을 시작했습니다. 확실히 배운 점이 많았습니다. 많은 사람 앞에서 이야기를 할 줄 몰랐고, 부끄러움이 너무 많았던 제가 바뀐, 어쩌면 바뀌어야만 했던 이유가 되었습니다. 물론, 동아리 자체가 저를 바꾼 것은 아닙니다. 제가 저를 바꾼 겁니다. 모든 일이 그렇습니다. 비유가 썩 바람직하지는 않지만, 담배로 들겠습니다(저는 금연했습니다). 담배를 피우기 위해서는 담배를 물어야 합니다. 불을 붙이고, 들이마시고 내뱉어야 합니다.

마찬가지입니다. 사람이 바뀌는 것도 마찬가지입니다. 흡연을 위해서는 담배와 불 같은 외부 동기가 있더라도, 제가 스스로 들이마시고 뱉어야 하는 것처럼, 동아리 활동이라는 외부 동기가 있더라도, 제가 직접 바뀌려고, 외향적으로 행동하려고 해야지 이루어집니다.

처음에는 엄청 어려웠고 실수도 너무 많이 했습니다. 한두 번 실수도 해보고, 아니 수십 번은 했을 겁니다. 해 보니 뭐 괜찮더라고요. 차차 바뀌더라고요.

정말 내향적이었던 제가 혼자 있기에 익숙하던 제가 결국 나중 학교생활에서는 춤 동아리 회장, 과대표, 부과대표, 총무도 했습니다. 살모사라는 학술동아리 회장도 했습니다. 제 성향에 맞는 동아리에 들어갔더라면 절대 일어났을 리가 없는 일들이었겠지요. 유튜브를 시작하게 된 것도 마찬가지일 겁니다. 내향적인 성격을 변화시키지 못했더라면, 시작도 못 했을 겁니다.

 습관(習慣)이라는 단어가 있습니다. 뜻을 그대로 풀자면 익힐 습, 버릇 관입니다. 태어나자마자 생긴 습관은 없습니다. 익히고 다시 익히고, 그러다 보면 자연스럽게 나오는 것이 습관입니다. 공부 습관, 운동 습관 만드는 법. 그런 것 없습니다. 한 번 하고, 두 번 하고, 세 번 하고, 계속 반복하면 어느 샌가 습관이 되어 있습니다.

 성격도 바꿀 수 있습니다. 성격의 일부분은 습관입니다. 타고난 성격을 완전 정반대로 휙 하고 뒤집을 수는 없겠지만, 많은 사람 앞에서 부끄러워 한 마디도 못하는 내향적인 사람이 많은 사람 앞에서 떳떳하게 열 마디, 백 마디를 할 수 있는 내향적인 사람으로 바뀔 수는 있는 겁니다.

 '나는 타고난 성격이 원래 그래. 어쩔 수 없어.'

 아닙니다. 사르트르가 말했다시피 실존은 본질에 앞섭니다. 우리들은 원래 그렇게, 그런 의도로, 그런 본질로, 그런 목표로, 그런 용도로 만들어진 것이 아닙니다. 나아가고 싶은 곳으로 선택해서 변화, 발전해 가며 바뀔 수 있는 존재입니다. 아니, 바뀌어야만 하는 존재입니다.

> "처음에는 우리가 습관을 만들지만 그 다음에는 습관이 우리를 만든다."
> - 존 드라이든

21.
목적과 수단을
확실히 구분하라

예과 때부터 본과 1학년 때까지는 술을 많이 마셨습니다. 시험기간이더라도 '오늘 딱 N시간 공부하고 술 마시자.' 하고 공부를 합니다. 술을 마셔야 하기 때문에, 술 마시는 시간은 지켜야 했기 때문에 N시간 동안은 공부에 집중을 합니다. 그리고는 수고했다는 의미로 술을 마십니다.

그렇다고 해서 저희 학교 한의학과 학생들 대부분이 이렇게 시험기간에 술을 퍼마시는 것은 아닙니다. 시험 난이도가 그리 쉽지는 않고, 한 과목이라도 F가 나오면 유급을 당하게 됩니다. 총점이 2.0이 넘지 않아도 유급을 당하게 되고요. 절대평가이기 때문에, 교수님께 빌어도 통하지 않습니다. 때문에 마시는 사람들은 극히 일부입니다. 문제는 마시는 사람만 마십니다. 더 큰 문제는 그 마시는 사람에 제가 속해 있던 것이죠. 여기까지는 사실 봐줄 만합니다. 술 약속을 잡고, 그때까지 열심히 공부를 한 뒤 만나 술을 마십니다. 그런데 또 그 술을 얼마나 마시느냐가 문제입니다.

대개 시험기간에 술을 마시는 사람들은 취하려고 술을 마시지 않습니다. 정신을 잃으려 마십니다. 저도 그런 편입니다. 대부분 술을 마시고 기분 좋게 집에 들어온 기억이 없습니다. 정확히는 집에 들어온 기억이 없습니다. 그러다 보면 술자리에서의 기억이나 집으로 돌아오는 길의 기억

정도는 잃을 수 있는데, 이상하게 공부했던 것들까지 잃습니다. 이러한 방식은 확실히 문제입니다.

'목적'과 '수단'을 분명히 할 필요가 있습니다. 저는 당시 '목적'이 술이었고 '수단'이 공부였습니다. 공부를 했기 때문에 술을 마실 수 있었던 것이죠. 설정이 잘못되었죠. 내 생활이 잘못되어 가고 있다는 것은 조금씩 느끼고 있었고요. 어머니께서도 제 건강이 걱정되어 강제로 병원에서 정밀 검진을 받게 했었습니다. 물론, 간 수치상에는 문제가 없었고, 위 점막이 손상된 정도였습니다.

아무튼, 목적 설정을 잘 해야 합니다. 내가 술을 더 마시고 싶어 하는 사람인지, 공부를 더 잘하고 싶어 하는 사람인지 말입니다. 저는 후자였습니다. 그렇기에 술을 끊어야 했죠. 목적을 공부 실력 향상, 성적에 두고 수단을 공부로 두는 것이 훨씬 나은 결과를 가져오더군요. 난생 처음 공부로 밤을 새 봤습니다. 공부하고 있는데 해가 뜨는 경험은 정말 환상적이더군요. 그 결과로 대학교에 입학한 이래로 본과 1학년 때 성적 장학금이란 것을 처음 받아 봤습니다. (물론 처음이자 마지막이었습니다.)

사실, 사는 이유가 성적을 받기 위해서는 아니겠지요. 저는 공부도 잘하고 싶은 사람이었지만, 운동도 잘하고 싶은 사람이었습니다. 춤도 잘 추고 싶은 사람이었고, 노래도 잘 부르고 싶은 사람이었습니다. 그 외 수많은 것들을 잘하고 싶어 하는 사람이었습니다.

그렇다면, 저의 목적 설정을 어떻게 둬야 했을까요. 아주 간단했습니다. 제 삶의 목적은 더 나은, 더 좋은 사람이 되는 것이었습니다. 공부만 잘한다고 나은 사람, 좋은 사람은 절대 아닙니다. 운동만 잘한다고 그런 것도 아니고요. 모든 것을 다 잘하지만, 남을 배려하고 위하는 태도가 모자란 사람도 나은 사람, 좋은 사람은 아니겠죠. 공부를 열심히 하는 것, 운동을 열심히 하는 것, 배려하는 마음을 갖는 것 이 모든 것들이 수단인 셈이고, 더 나은 사람이 되는 것을 결국 제가 가진 삶의 목적으로 두었습니다.

"인생의 목적은 끊임없는 전진이다."

- 프리드리히 니체

22.
걱정할 시간에 실천을 하라

본과 1학년 시절의 이야기입니다. 저희 학교는 본과 1학년에서 유급을 가장 많이 당한다는 이야기가 있었습니다. 실제로도 그랬었죠. 그러한 점이 신경이 많이 쓰였습니다.

시험기간이 되었을 때, 저는 대학교에 들어와 처음으로 도서관에 다녔습니다. 그 전에도 종종 가 본 적은 있지만, 한 번씩 갔었고, 매일 다니지는 않았지요. 아무튼, 도서관에서 공부를 진짜 열심히 했습니다. 왜냐하면, 신경이 쓰여서 신경을 쓰지 않기 위해서 공부했습니다.

어떤 말이냐 하면은, 공부를 하지 않은 상태에서는 몸은 편하겠지만, 제가 유급을 신경 쓸 수밖에 없고, 걱정할 수밖에 없습니다. 공부를 열심히 한 상태에서는 몸은 힘들겠지만, 제가 유급을 신경 안 쓸 수 있고, 걱정을 비워 낼 수 있습니다. 저는 후자를 택했습니다.

대부분의 고민은 정말로 할 필요가 없습니다. 위의 내용을 단순화해 보겠습니다.

진급이 하고 싶다고 합시다. 해결책은 공부를 하면 됩니다. 그러면 고민이 덜어집니다. 그런데 놀고는 싶고 공부하기가 싫다고 합시다. 그러면 공부를 하지 않으면 됩니다. 그런데 공부를 하지 않으면 진급을 못 합니다. 또 진급은 하고 싶습니다.

순환되는 패턴이지요. 이 패턴을 끊을 곳을 정하면 됩니다. 공부를 하고 진급을 하든가, 하기 싫은 공부를 하지 않고 진급을 하지 말든가입니다. 양자택일입니다. 선택하지 않으면 계속 고민의 순환 속에서 에너지만 소모하고 스트레스만 받습니다.

다른 예를 들어 봅시다. 다이어트가 하고 싶습니다. 해결책은 운동과 식단관리를 하면 됩니다. 그러면 다이어트가 됩니다. 그런데 운동은 하기 싫고 맛있는 음식은 먹고 싶습니다. 그러면 운동하지 말고 맛있는 음식 먹으면 됩니다. 그런데 운동을 하지 않고 맛있는 음식을 먹으면 다이어트가 안 됩니다. 또 다이어트는 하고 싶습니다. 웃기지 않나요? 사실 우리가 하는 대부분의 고민이 이런 종류입니다.

심리학자 어니 젤린스키(Ernie J. Zelinski)는
걱정에 대해 다음과 같은 연구결과를 발표했습니다.
걱정의 40%는 절대 현실로 일어나지 않고,
걱정의 30%는 이미 일어난 일에 대한 것이다.
걱정의 22%는 안 해도 그만인 사소한 것이고,
걱정의 4%는 우리가 바꿀 수 있는 것이다.
나머지 4%는 우리 힘으로도 어쩔 도리가 없는 것이다.
불과 4% 때문에 나머지 96%까지 걱정을 더 하며 사는 것이다.

위에서 제가 언급했던 사례가 우리가 바꿀 수 있는 4%의 걱정입니다. 그런데 그 4%마저도 사실 의미가 없습니다. 왜냐하면 공부를 하지 않고 진급을 할 방법은 없습니다. 운동과 식단관리를 하지 않고 다이어트를 할 방법은 없습니다. 공부를 하거나 말거나, 운동과 다이어트를 하거나 말거

나 결정을 한 뒤에 스트레스를 받지 않으면 될 일입니다.

저는 이럴 때 지금 당장 힘든 방법을 택합니다. 공부를 하는 것 힘듭니다. 운동과 다이어트를 하는 것 힘듭니다. 힘들고 어려운 길이 보통 정답인 경우가 많습니다.

"고민은 어떤 일을 시작하였기 때문에 생기기보다는 일을 할까 말까 망설이는 데에서 더 많이 생긴다. 성공하고 못하고는 하늘에 맡겨 두는 게 좋다. 모든 일은 망설이기보다는 불완전한 채로 시작하는 것이 한 걸음 앞서는 것이 된다. 재능 있는 사람이 이따금 무능하게 되는 것은 성격이 우유부단하기 때문이다. 망설이기보다는 차라리 실패를 선택하라."

- B.러셀

"미래에 대해 걱정하는 건 풍선껌을 씹어서 방정식을 풀겠다는 것만큼이나 소용없는 짓이라고 했다."

- 영화 <어바웃 타임>, 2013

23.
봉사의 찬란한 행복

　이번에는 실패 말고 좀 다른 이야기를 해 볼까 합니다. 본과 2학년 시절 저는 신입생 때 가입했었던 살.모.사라는 동아리의 회장이 되었습니다. 참, 살.모.사의 뜻은 '살포시 모두를 사랑하자'의 줄임말입니다. 뜻이 참 좋습니다. 그리고 매년 최소 한 번씩은 외부의 지원을 받지 않고, 독립적으로 외딴 섬이나 벽지로 들어가 의료봉사활동을 합니다.

　보통 교수님과 학생들이 의료봉사에 드는 비용을 전적으로 부담하기에는 경제적으로 힘듭니다. 그래서 다른 동아리의 경우에는 의료봉사활동을 외부로부터 경제적인 지원을 받아서 실시하는 경우가 많습니다. 문제는 그렇게 지원을 받게 된다면, 동아리에서 실시한 의료봉사활동이 다른 정치적인 의도로 활용될 가능성이 높게 됩니다.

　그런 문제점을 애초에 없애기 위해, 살.모.사라는 동아리는 자체적으로 경제적 부담을 지면서, 의료봉사까지 합니다. 저는 이 점이 아주 매력적이었습니다. 무튼, 제가 이러한 동아리에 회장직을 맡으면서 의료봉사활동을 주관하게 되었습니다. 준비 과정에서 힘든 점이 많았지만, 결과적으로는 많은 것을 느꼈습니다. 이렇게 보니 저는 실패만 한 건 아닌 것 같네요.

　두 손을 잡고 감사하다고 말씀해 주시는 어머님, 덕분에 어제 잠을 잘

갔다고 하시는 어머님, 다음에는 또 언제 오시냐고 한 번 더 오시라고 말씀하시는 어머님 등 여러 분들이 기억에 남습니다.

저는 사실 제가 저를 보기에 좀 정이 없는 면이 있고, 자기 발전에 치중한 나머지 주위를 잘 못 살피는 경향이 있다고 생각했습니다. 그런데 이러한 봉사활동을 하면서 느낀 점이 세상에는 나의 발전도 좋은 일이지만, 그 발전으로 얻은 능력을 나누는 일도 빛나는 일이라는 것입니다.

저도 제가 놀라웠습니다. 이 감정은 말로 표현하기가 굉장히 어렵습니다. 위인들의 명언으로 대체하겠습니다. 지금은 많이 모자랍니다. 그렇지만, 저는 아래의 명언들을 충실히 공감하고자 앞으로 노력할 것입니다.

"우리는 일로써 생계를 유지하지만, 나눔으로 인생을 만들어 나간다."
- 윈스턴 처칠

"보상을 구하지 않는 봉사는 남을 행복하게 할 뿐 아니라, 우리 자신도 행복하게 한다."
- 마하트마 간디

제가 공중보건의사 생활을 하던 시절입니다. 유독 눈에 밟히는 한 할머니가 계셨습니다. 연세가 90 정도 되셨는데요. 정말 대단하신 분이었습니다. 한쪽 신장을 가족도 아닌 남에게 기부하셨고 오히려 기부하였기 때문에 더 오래 건강하게 살고 있다고 생각하셨습니다. 물건을 구매할 때도 은행에서 지폐를 새것으로 바꾸어 지불하십니다. 받는 사람이 기분 좋기를 바라는 마음에서 그렇게 하신다고 합니다. 택시를 탈 때는 기사님을 위해 커피값을 조금 더 보태어 낸다고 하시고요. 독거노인을 위한 지원금 또한 오랜 기간 받지 않으셨다고 합니다. 이유는 나보다 더 힘든 사람을 도와 달라는 것이 그 이유였습니다. 그 외에도 세상에 이런 사람이 있구나 하는 느낌을 주는 사례들이 많았습니다.

무튼 어느 날은 이 어머님께서 식사하기가 너무 힘들어 요즘 점점 야위어 간다고 저한테 말씀을 하셨습니다. 저는 감명 받고 배운 것을 보답할 기회가 왔다고 생각하고 한약을 지어 드렸습니다. 그 후로 식사를 잘 하게 되었다는 연락을 받고 참 기분이 좋았습니다.

기분이 좋아서 더 기분이 좋아졌습니다. 통장은 얇아졌지만 마음이 두꺼워졌습니다. 돈보다는 사람을 더 중요하게 생각한다는 사실에 얼마나 뿌듯했는지 모릅니다.

삶의 마지막 순간을 상상해 보면 내가 어떤 가치를 더 중요시 여기는지 가늠이 갑니다.

죽기 직전에 내 통장에 많은 돈이 있다는 사실에 감사할 것인지, 내 마음 속에 많은 사람을 도왔다는 사실에 감사할 것인지 말입니다.

"남을 행복하게 하는 것은 향수를 뿌리는 것과 같다. 뿌리는 자에게도 그 향이 묻어나기 때문이다."

- 《탈무드》

"오늘 내가 나무 그늘에 앉아 쉴 수 있는 것은, 다른 누군가가 오래전에 나무를 심었기 때문입니다."

- 워런 버핏

"남을 위한 인생을 살 때, 가장 감동적인 인생이 되는 것을 나는 발견하였다."

- 헬렌 켈러

"천국에 들어가려면 두 가지 질문에 답해야 한다는군.
하나는
인생에서 기쁨을 찾았는가?
다른 하나는
당신의 인생이 다른 사람들을 기쁘게 해 주었는가?"

- 영화 <버킷 리스트 – 죽기 전에 꼭 하고 싶은 것들>, 2007

24.
자기신뢰의 중요성

본과 2학년 때 저는 처음 보디빌딩 시합에 출전했습니다. 시합 출전을 결심한 날, 따분했습니다. 뭔가 필요했습니다. 평상시 보디빌딩 시합에 나가 보고 싶기도 했고 그 자리에서 결정했습니다. 무슨 일이 있어도 출전해야겠다. 마음을 먹고 신청서를 제출했습니다. 제 특성 중 하나인데, 가족, 주변 사람과 상의 없이 일단 결정을 하고 실천을 한다는 겁니다.

부모님이 반대하셨습니다. 이유는 단 하나였습니다. 보디빌딩이라는 종목의 경쟁 세계에 편입되는 순간, 경쟁심에 눈이 멀어 불법적으로 스테로이드와 같은 약물을 사용할 것이라는 이유였습니다.

저는 그렇지 않다고 말씀드렸습니다. 부모님은 말씀하셨습니다.

"그건 니 의지로 되는 것이 아니다. 니가 컨트롤할 수 없는 부분이다."

라고요. 저는 다시 말했습니다.

"절대로 그럴 일 없습니다."라고요.

몇 차례 언쟁이 오가고 어머니께서는 결국 제 편을 드셨습니다. 이렇게까지 말하는데 믿어 주자고요. 아버지는 끝까지 반대하셨습니다. 결국 아버지의 동의를 구하지 못했습니다.

그렇다고 해서 제가 시합출전을 포기했을까요? 아뇨. "아버지가 반대하시더라도 저는 합니다."라고 말했고 그렇게 했습니다.

재밌는 점은 나중에는 누구보다 저를 적극적으로 지원해 주신 분이 제 아버지라는 점입니다. 물론 스테로이드와 같은 불법적인 약물에 노출될 수 있는 것에 부모님께서 걱정하는 것을 이해 못 했던 것은 아닙니다. 이해는 갑니다만, 저는 저 스스로에 확신이 있었습니다. 절대로 그런 짓은 하지 않는다는 확신이요.

저는 제가 한 운동의 강도만큼, 제가 관리한 식단만큼 결과가 나오는 것이나 그보다 덜한 결과가 나오더라도 충분히 받아들일 준비가 되어 있었거든요. 물론, 다른 사람이 저보다 몸이 훨씬 좋고, 등수가 더 높으면 속상할 수 있겠죠. 그런 속상함까지도 온전히 받아들여 나의 발전의 동기로 쓸 준비가 되어 있음에 확신하고 있었습니다.

무슨 일을 할 때에 다른 사람들이 보내는 믿음, 예를 들면 '넌 꼭 해낼 수 있을 거야.' '친구야. 나는 너를 믿는다. 할 수 있다. 파이팅!' 감사하고 또 감사합니다. 다만, 필요는 없습니다. 다른 사람의 나에 대한 믿음은 내가 어떠한 일을 할 때 별 영향이 없습니다. 누군가가 나를 신뢰하고 응원한다고 해서 그 일을 내가 더 잘하게 되지는 않습니다. 가장 중요한 것은

'내가 나를 진실로 믿는가. 정말 내가 원하는 일을 아는가.'

입니다.

"내가 해야 할 일은 모두 내게 관계된 것이지, 다른 사람이 내가 해야 한다고 생각하는 일이 아니다."

- 랠프 월도 에머슨, 《자기신뢰》

25.
좋은 사회에 대한 염원

한 번만 더 실패 말고 다른 이야기를 해 볼게요. 본과 3학년 시절의 일입니다. 저는 과대표 역할을 수행했습니다. 그럼으로써 100만 원이라는 수고비를 받게 되었지요. 제가 예전부터 생각해 오던 일이 있었습니다. 가장 돈이 모자라고, 가난한 시절에 100만 원을 어떻게든 모아 보육원에 기부하는 일이었습니다. 사실 금액을 딱 정해 놓진 않았지만, 그 정도로 생각했었습니다. 혹시, 집안이 경제적으로 잘 사는 집안 아닌가? 궁금해하실 수 있겠습니다. 당시 제 상황을 말씀드리자면, 썩 경제적으로 풍족하지는 않았습니다. 자세한 이야기는 직접 만나게 되면 소주 한잔 하면서 말씀드리겠습니다.

아무튼, 그러한 상황에서 100만 원은 제가 가진 어떤 문제도 해결할 수 없는 문제였습니다. 지속적인 수입원이 되는 것이었다면 모르겠지만, 아니었고요. 어디 쓸지 고민했습니다. '술을 마실까, 옷을 살까, 여행을 갈까.' 고민을 했습니다. 모두 언제든 할 수 있는 일들이더라고요. 술은 언제든 마실 수 있고요. 옷도 언제든 살 수 있습니다. 여행도 그렇고요.

기부는 그렇지 않았어요. '가장 힘들 때 기부를 할 수 있으면, 그보다 상황이 나아진 뒤에 하는 기부는 더 쉽지 않을까?' 생각이 들었습니다. 보통

반대로 생각하잖아요.

'내 상황이 지금은 너무 어렵다. 좀 더 나아지게 되면 기부를 할 것이다.'
이렇게요.

그래 놓고 안하는 경우가 태반 아닙니까?

그러면 나는 거꾸로 해야겠다. '내 상황이 지금은 너무 어렵다. 이때 해야겠다. 그러면 좀 더 나아지게 되더라도 기부를 할 것이다.' 이렇게요. 당연히 부모님께서도 흔쾌히 동의하셨습니다.

그렇게 다짐을 하고 보육원으로 버스를 타고 저벅저벅 걸어갔습니다. 직원분들과 상담을 했습니다.

"제가 예전부터 고아원에 기부를 하고 싶었습니다. 오늘 여기서 당장 100만 원을 기부하려 합니다. 어떻게 하면 좋을까요? 정당한 방법으로 벌었습니다."

"요즘은 고아원이라고 부르기보다 보육원이라고 부릅니다. 부모가 실제로 없는 아이들은 드물고요. 가정폭력이나 다른 이유로 이곳에서 생활하는 아이들이 많거든요.

일반적인 생각과는 다르게 아이들이 가장 힘들어하는 것이 혼자 남겨지는 것입니다. 혼자 있는 시간이 많을 것 같아 익숙해할 것 같지만, 아이들은 실제로 단체생활에 익숙해져 있습니다. 나이가 되어 독립할 시기가 되어 혼자 살게 될 때를 가장 두려워합니다. 저희는 지금 독립하기 전에 미리 홀로 살아갈 수 있게 도움을 줄 수 있는 모델하우스를 건설하고자 합니다. 이 일에 기부를 해 주신다면 정말로 큰 도움이 될 것 같습니다."

"네. 알겠습니다. 그렇게 하겠습니다."

이렇게 100만 원을 기부하고 나왔습니다. 물통 하나를 주시더라고요.

무튼 정말 심장이 터질 것 같더라고요. 제 생에 그렇게 큰돈을 한 번에, 순식간에 써 본 적은 처음이었습니다. 앞으로도 몇 번이나 더 있을까 싶습니다.

나오면서 드는 생각은 이랬습니다. '와, 나 멋지다.'

그 뒤로 생각을 좀 해 봤습니다. 정말로 좋은 사회가 왔으면 좋겠다는 생각이 들더라고요. 이 사회를 살아가는 사람들이 너무도 훌륭하고 존경스러운 분들로 가득 차 있는 세상이요. 구체적인 예로 들면요. 상상의 나래를 펼쳐 볼게요. '제 옆집에는 마하트마 간디 같은 분이 사십니다. 물론 집에 들어오시는 것을 본 적은 거의 없지만요. 제 윗집에는 소크라테스 같은 분이 사십니다. 제 아래층에는 김연아 선수님 같은 분이 살고 계십니다. 엘리베이터에서 종종 마주칩니다. 인사만 해도 영광스럽고 뿌듯합니다.' 환상적이지 않나요? 유토피아가 정말 따로 없다고 생각합니다. 그런 사회를 위해서 제가 할 수 있는 일은 정해져 있었습니다. 그냥 제가 좋은 사람이 되는 겁니다.

> "마을의 착한 사람들은 좋아하고 마을의 나쁜 사람들은 미워하는 사람이 바로 좋은 사람이다."
>
> - 공자

26.
환경이 영향을 줄 수는 있다.
그러나 결정은 내가 한다

  본과 3학년 1학기에 전국 대학생 보디빌딩 시합을 준비하던 시절 이야기를 해 볼까 합니다. 사실 매번 시합을 준비할 때마다 공통적으로 겪는 느낌입니다만, 이 당시가 가장 환경적으로는 벅찼습니다.

  당시를 설명하면 이렇습니다. 보통 오전 9시부터 수업이 시작됩니다. 12시나 1시쯤 점심시간이 1시간이 있고요. 다시 6시 정도까지 수업을 합니다. 그리고 7시까지는 저녁시간입니다. 그 뒤 밤 10시, 길게는 12시까지 학번 동기들과의 회의가 있었습니다. 의논할 사항이 있었거든요. 한 달이 넘게 지속되었죠. 정말로 꽉 찬 하루였습니다. 이 때 저는 6시에 일어나서 운동을 갔다 와서 아침을 먹었습니다. 그리고 점심시간에는 점심을 거르고 잠을 잤습니다. 다시 수업을 하고 저녁시간이 되면 그때 운동을 하러 갔습니다. 다시 돌아와 회의를 했고요. 지금 생각해 보면 어떻게 했나 싶습니다.

  그렇게 시간을 보내면 친구들과 멀어집니다. 주말이라도 같이 밥 먹고, 커피 마시며 이야기 나누고 하면 좋을 터인데, 시합을 준비해 본 분이라면 아실 겁니다. 일단, 같이 밥을 못 먹습니다. 일반식을 해서는 시합에 적합한 몸을 만들기가 거의 불가능하거든요. 닭가슴살과 고구마, 적정량의

견과류, 약간의 반찬 등을 섭취하고, 운동 강도는 최대한 높입니다. 이 상태의 지속이 보디빌딩 시합 준비입니다.

사실 이것만 한다면 제 기준으로는 할 만합니다. 그렇게 힘들지는 않습니다. 그런데 수업과 회의까지 더해지니 지치더라고요. 모든 일정이 끝나고 집에 돌아와 씻고 잠자리에 누우면 웃음이 납니다. '아, 살았다.'

힘든 점만 있는 것은 아닙니다. 좋은 점도 많아요. 새벽에 일어나서 운동을 하러 나가면 공기가 다릅니다. 새벽 공기의 그 느낌은 환상적입니다. 자고 일어났는데도, 밖에 달이 보일 때가 있습니다. 기분이 묘합니다. 정말 아름답습니다. 대회 준비 기간이 아니면 못 느낄 감정입니다.

환경(環境)이라는 단어는 고리 환, 경계나 장소, 상태를 나타내는 경의 합성어입니다. 나를 중심으로 둘러싸고 있는 어떤 경계나 장소, 상태의 고리인 셈입니다.

이것이 좋을 수도 나쁠 수도 있겠죠. 내가 나아가려는 방향으로 가게끔 도와줄 수도 있고, 나아가기 힘들게 막을 수도 있습니다.

역풍이든 순풍이든 내가 원하는 대로 활용할 수 있어야 합니다. 연은 역풍이 불어야 그 바람을 타고 납니다. 배는 순풍이 불면 원하는 방향으로 쉽게 갈 수 있습니다.

이처럼 역풍, 내가 이루고자 하는 바를 방해하는 환경적 요소가 있더라도 이를 이용하여 더 높은 곳으로 올라갈 수 있습니다. 순풍, 내가 이루고자 하는 바를 돕는 환경적 요소가 있으면 이를 이용해 더 수월하게 갈 수 있습니다.

어느 쪽이든 좋습니다. 환경이 나에게 어떤 영향을 끼칠 수 없다는 것이 아닙니다. 어떤 영향을 끼치든 내가 원하는 일은 내가 할 수 있다는 것입니다.

　역풍이 불어서, 환경이 좋지 못해서 포기해 버리는 사람은 실패조차 못합니다. 이러한 사람들은 설령 순풍이 불더라도 나아갈 생각을 하지 못합니다. 환경이 어떻든 도전하고 노력하지 않는 사람은 실패조차 못 합니다. 실패도 못 하는 인생을 사는 것입니다.

　- 사진 상 제 오른쪽에 계신분과 잠시 대화를 나눈 적이 있습니다. 약대에 재학 중이라고 하시더라고요. 그때 다시 한 번 느꼈습니다. 세상에 대단한 사람은 많구나. 그들과 같은 부류이고 싶고, 그들과 함께 높아지고 싶었습니다.

"집안이 나쁘다고 탓하지 말라.
나는 아홉 살 때 아버지를 잃고 마을에서 쫓겨났다.
가난하다고 말하지 말라.

나는 들쥐를 잡아먹으며 연명했고,
목숨을 건 전쟁이 내 직업이고 내 일이었다.
작은 나라에서 태어났다고 말하지 말라.
그림자 말고는 친구도 없고 병사로만 10만.
백성은 어린애, 노인까지 합쳐 2백만도 되지 않았다.
배운 게 없다고 힘이 없다고 탓하지 말라.
나는 내 이름도 쓸 줄 몰랐으나
남의 말에 귀 기울이면서
현명해지는 법을 배웠다.
너무 막막하다고,
그래서 포기해야겠다고 말하지 말라.
나는 목에 칼을 쓰고도 탈출했고,
뺨에 화살을 맞고 죽었다 살아나기도 했다.
적은 밖에 있는 것이 아니라 내 안에 있었다.
나는 내게 거추장스러운 것은 깡그리 쓸어 버렸다.
나를 극복하는 그 순간 나는 징기스칸이 되었다."

— 징기스칸

27.
친구를 서운하게 할 정도의 자기집중은 결국 더 큰 의미의 선(善)이다

　내가 원하는 바에 집중하고 헌신하게 되면 생기는 문제가 하나 있습니다. 이 전에 살짝 언급하긴 했는데, 인간관계 부분에서 전과 같지 못하여 생기는 주변 사람들의 서운함입니다. 같이 보내는 시간이 없어지기 때문에 그런 일은 일어날 수밖에 없겠죠.
　저 또한 그랬습니다. 오죽하면 별명이 고인(故人)일 정도였습니다. 있는 듯, 없는 듯했습니다. 솔직히 누군가와 말을 할 기운이 없었습니다. 그 전까지만 해도 매일같이 밥을 먹고, 술도 한잔씩 같이 하던 친구들, 그런 친구들과 함께 하던 모든 일들을 한순간에 싹둑하고 끊은 것이니까요.
　그래요. 아주 친한 친구까지는 어떻게 넘어갈 수 있을 것 같아요. 이해해 줄 수 있으리라 믿으니까요. 그런데 선배님들이나 교수님들과의 식사 자리는 어떻게 해야 할까요. 그래도 해야 합니다.
　자아 존중감(Self esteem)을 갖는 것은 절대로 이기적(Selfish)인 것이 아닙니다. 저는 말씀드렸습니다.
　"형, 저 식사는 같이 못 합니다. 제가 중요하게 하고 있는 일이 있습니다."
　"교수님, 식사는 같이 하기 힘들 것 같습니다. 신경 써 주셔서 말씀 꺼내셨는데 죄송합니다. 중요하게 준비하고 있는 일이 있어서요. 그 일이 끝나게 되면 기회가 되어서 꼭 같이 식사할 수 있었으면 좋겠습니다."

이렇게요.

사실 살아가는 데 있어서 누구보다 내 인생을 사랑하고 귀하게 여기는 존재는 본인입니다. 아무리 주변 사람이 나에게 행세하는 영향력이 강하다고 하더라도 말입니다. 가장 가까운 부모님보다 그렇습니다.

괜찮습니다. 솔직히 말해서, 제 주변사람들은 저랑 밥 한 끼 같이 안 하더라도, 술 한잔 같이 안 하더라도, 대화 자체를 안 하더라도 괜찮습니다. 아무 문제가 없습니다. 그런데 저는 어떻습니까? 보디빌딩 시합을 준비하는 데 있어서, 주변사람들과 밥 한 끼 같이 하고, 술 한잔 같이 하고, 휴식이 필요할 때에 대화를 오랫동안 하면 안 괜찮습니다.

생각보다 '나' 자신이 주변 사람들에게 미치는 영향력은 결정적이지 않습니다. 걱정하지 않으셔도 됩니다.

오히려 역으로 한 번 생각해 보시는 것이 좋습니다. 예를 들어, 나랑 가장 친한 친구가 정말 하고 싶은 일이 생겼다며 연락이 뜸해졌다고 합시다. 저로서는 서운할 수 있겠죠. 참 정도 없는 친구다. 어찌 이렇게 연락을 끊을 수가 있을까. 나까지 피할 필요는 없지 않은가. 하는 생각들이 들겠죠.

그러다가 시간이 흘러 그 친구가 무언가를 아주 멋지고 훌륭하게 해냈다고 합시다. 그런 뒤에 다시 만나서 이야기를 나누겠지요.

"친구야, 어떻게 지냈길래 그동안 연락도 없이 그랬어. 서운하다. 그렇지만 그보다 먼저 그 일을 해낸 것은 너무 축하한다."

"정말 미친 듯이 했었어. 말 그대로, 정말로 하루에 눈이 떠져있는 시간이면 그 일에만 매달렸었어. 그렇다고 니 생각이 나지 않은 것은 아니야."

이러면 느낌이 어떨까요? 막 무언가가 샘솟는 느낌 아시나요? 그런 느낌이 듭니다. 본과 4학년 여름방학이었을 겁니다. 그때 고등학교 3학년 같은 반 친구를 만났습니다. 저 때문에 항상 2등이었다며 억울했다고 하더군요. 전교등수는 2등까지 했는데, 왜 반에서도 2등이 되어야 하냐고 말이죠.

아무튼 그 친구가 당시 CPA(공인회계사) 2차 시험을 치르고 결과를 기다리고 있는 상태였습니다. 저는 물어봤습니다.

"그거 어렵다던데, 니 우째 살았노? 하루 일과가 우째 됐었노?"

"뭐, 똑같지. 아침에 일어나가지고 도서관 가서 살다가 밤에 돌아오는 거지."

"와따, 힘들게도 살았네. 고생했다. 인마. 진짜로 좋은 결과 있었으면 좋겠다."

"그래 내도 그렇다. 근데 공부 마치고 돌아오는 길에 PC방을 몇 번인가 갔었는데, 그게 너무 스스로가 한심하고 아쉽다."

그 친구가 CPA(공인회계사) 준비를 1년 반 정도 했던 걸로 기억합니다. 다른 것 아무것도 안 하고, 공부만 하다가 그 몇 번 PC방 가서 게임한 것이 시험이 모두 끝난 뒤에도 마음에 걸린다고 말하더라고요. 제 가슴이 막 뛰더군요.

'멋있다.'

그런 겁니다. 역으로 생각해 보면 이렇게 자기 자신에게 집중하는 일이 얼마나 좋은 일인지 알 수 있습니다. 주변 사람들에게 잠깐 서운한 감정이 들게 할 수는 있지만, 궁극적으로는 삶에 있어 혁신적인 발전 계기를 만들어 줄 수도 있습니다. 자기를 진정으로 존중하기 위해 자기 자신에게 집중하는 일은 주변 사람에게 어떤 영감을 불러일으키는 겁니다. 이러한 영감은 살아가면서 몇 번 오지 않습니다. 진정으로 발전적인 방향으로 고취시킬 수 있는 겁니다.

결과적으로 보면, 최고의 일입니다. 나를 사랑해서 나를 더 나은 사람으로 만들 수 있을 뿐만 아니라, 나의 주변 사람까지도 더 나은 사람으로 만들 수 있는 일입니다.

인간관계가 중요하지 않다고 말하는 것이 아닙니다. 가볍고 형식적이지 않은 무겁고 진심어린 인간관계가 중요하다고 말하는 것입니다.

> "내가 맞다고 생각하는 대로 내 삶을 사는 것. 그건 이기적인 것이 아닙니다. 내가 맞다고 생각하는 대로 남에게 살도록 요구하는 것. 그것이 이기적인 것입니다."
>
> - 앤소니 드 멜로, 《깨어나십시오》

> "자신이 해야 할 일을 결정하는 사람은 세상에서 단 한 사람, 오직 나 자신뿐이다."
>
> - 오손 웰스

28.
진정한 자유란

본과 4학년 때 국가고시를 앞두고 어머니와 아버지와 식사를 하면서 나온 이야기입니다.

어머니 : "니는 좀 강박증이 심하다. 스스로를 좀 놔 주려고 해라. 공부만 해도 벅찰 텐데 그래 운동까지 해 갖고 우짜노. 그렇게 속박시키고, 강제시키면은 불행하다."

아버지 : "그래, 맞다. 너무 신경을 많이 쓴다. 고생을 뭔 그래 사서 하노. 맛있는 것도 좀 챙겨 묵고 그래 해라. 그거 정신병이다."

나 : "좋아서 하는 건데요. 저는 지금 이럴 때가 제일 자유롭고 행복합니다."

자유와 강박에 대해서 이야기해 보고 싶습니다. 공부를 하거나, 운동을 하다 보면 '내가 자유롭지 못한가? 공부와 운동에 너무 구속되어 있나? 내가 이것들을 잡고 있는 것인가, 이것들이 나를 잡고 있는 것인가.' 하는 의문에 사로잡힐 때가 있습니다. 저도 자주 든 의문이기도 하고요.

그래서 일부러 공부를 안 하려고도 해 보았고, 운동을 안 하려고도 해 보았습니다. 결과는 실패했습니다. 그렇다고 해서 '아, 내가 공부, 운동에 갇혀 있구나. 벗어날 수 없구나. 자유롭지 못하다.'라고 결론을 내릴 수는 없었습니다. 솔직히 그렇게 생각하고 있지도 않았고요. 왜냐하면 공부, 운동은 하면 힘들거든요. 그것들은 내가 의식적으로 힘을 내서 해내는 것들이지, 무의식적으로 이끌려 가서 내가 하게 되는 것들은 아니거든요. 반대로 봅시다.

마약, 도박은 다릅니다. 이것들은 내가 의식적으로 힘을 내서 하는 것들이 아닙니다. 무의식적인 욕망에 이끌려서 하게 되는 겁니다. 내가 노예가 되는 일들입니다.

정리하자면, 공부나 운동과 같은 것들은 내가 주인이 되어서 하는 일들입니다. 반대로 마약, 도박 같은 것들은 내가 노예가 되어서 하게 되는 일들입니다.

어떻게 다를까요? 진보와 퇴보의 기준에서 보면 좋습니다. 공부나 운동을 하면 진보하게 됩니다. 어제보다 더 나은 내가 됩니다. 마약이나 도박을 하게 되면 퇴보하게 됩니다. 어제보다 더 별로인 내가 됩니다.

인간은 본능적으로 정체를 거부합니다. 진보든 퇴보든 해야 합니다. 진보는 자유롭고 주인이 되는 일이고, 퇴보는 속박되고 노예가 되는 일입니다.

저 나름의 이유를 제시해 보겠습니다. 예를 들어, 제가 몸을 만들고 싶어 한다고 합시다. 그렇다면 몸을 만드는 것이 제 목표라 보면 되겠죠. 운동도 열심히 해야겠고, 식사도 관리해서 해야겠지요. 힘듭니다. 둘 다 힘듭니다. 운동을 하면 숨이 차고 아픕니다. 식사를 관리하자니 맛있는 빵이 먹고 싶고, 튀김이 먹고 싶습니다. 힘드니까 운동을 하지 않고, 누워 있는 것이 자유일까요? 맛있는 빵과 튀김, 햄버거, 피자를 실컷 먹는 것이 자유일까요? 아니요. 이것들은 내가 내 욕망의 노예가 된 일이죠. 자유가 아니라 속박입니다. 욕망에 패배했고 속박된 것입니다. 반면, 나 자신의 목표와 발전을 향해 운동이 하기 싫더라도 체육관에 가서 숨이 차고 아프게 하고, 기름진 음식이 먹고 싶더라도 참고 닭가슴살과 고구마를 먹었다고 합시다. 이것은 내 욕망을 노예로 만든 것이지요. 욕망에 승리했고 컨트롤한 것입니다. 주인 된 일이기에 이것이 진정한 자유입니다.

자유(自由)는 스스로 자, 말미암을 유입니다. '외부적인 구속이나 무엇에 얽매이지 아니하고 자기 마음대로 할 수 있는 상태'가 사전적인 의미입니다. 내 마음대로 하는 것입니다. 보면, 몸을 만드는 것이 내 마음이 하고 싶은 일입니다. 이 일을 위해서 내가 운동을 할 수 있고, 식단 관리를 할 수 있는 것이 자유입니다.

그냥 퍼질러 누워 있고, 기름진 음식 쑤셔 넣는 게 자유가 아닙니다. '나는 누워 있지 않으면 안 돼. 기름진 음식 없이는 못 살아.'라는 나태함과 포만감의 노예입니다. 의존하고 복종하고 있는 겁니다.

그것들을 패배시키고 굴복시켜 내 마음대로 내 뜻대로 행동을 할 수 있는 것이 진정한 자유입니다. 그런 의미에서 내 목표와 이상에 가깝게 해주는 운동과 공부를 하지 않을 수 없는 강박은 자유입니다.

자유란 것은 어렵습니다. 하루하루 본인의 욕망과 나태함을 굴복시키고 이상과 목표를 추구하는 일이 자유입니다. 노숙자처럼 욕망과 나태함에 복종하고 이상과 목표를 버리는 것이 자유가 아닙니다.

- 사실 저 책은 상당히 두껍고 무겁습니다. 위태로웠습니다.

"그렇다면 자유란 무엇이란 말인가! 자기 책임에의 의지를 갖는다는 것."

- 프리드리히 니체

29.
이것만 끝나면 정말 행복할 텐데. 과연?

드디어 국가고시가 끝났습니다. 한의사만 된다면, 정말 행복할 것만 같다는 생각도 역시 정답이 아니었음을 깨닫게 되었죠.

어린 시절부터 해 오던 생각입니다. 아, 초등학교만 졸업하고 중학생이 된다면 나는 지금 이 문제에서 벗어나 행복할 텐데, 수능만 끝난다면, 대학교에만 입학한다면 행복할 텐데, 대학교 졸업만 한다면, 취직만 한다면, 행복할 텐데.

위의 상황까지 경험해 본 저로서는 확신이 생겼습니다. 저는 이 파트를 쓰는 이 시기에는 취직을 해서 돈을 벌고 있고, 하나하나 책임을 더 떠맡아 가는 생활을 하고 있습니다.

삶에 있어 문제는 끊이지 않습니다. 그리고 그 문제는 사실 삶의 원동력이라고 말입니다. 사실 모든 문제들은 살펴보면 더 치열하고 열심히 살아야 할 이유입니다.

시험 스트레스가 너무 심하다면 공부를 더 열심히 해야 할 이유겠습니다. 살이 쪄서 스트레스가 심하다면 다이어트와 운동을 더 열심히 해야 할 이유겠죠. 빚이 너무 많다면, 근면성실하게 살아야 할 이유겠죠.

역으로 생각해 보세요. 성적이 너무 좋다면, 공부할 이유가 아니게 되겠죠? 몸짱이라면 운동을 열심히 할 이유가 아니겠죠? 돈이 너무 많아 쓸 곳이 없는 상황이라면 근면성실하게 일할 이유가 하나 사라지는 것이겠죠.

우리가 당면한 문제, 과제들은 오히려 어떻게 살아야 할지를 알려 주는 좋은 지표입니다. 이 사실을 깨닫게 된 이후로 이러한 생각을 하지 않게 되었습니다. 결혼만 한다면, 가정만 생긴다면, 아이가 다 자란다면, 아이가 결혼을 한다면, 손주가 생긴다면 나는 행복할 텐데….

'지금 갖고 있는 이 문제 덕분에 내가 오늘도 열심히 살 맛이 나는구나.' 하며 웃고 일어섭니다.

30.
신이 내린 타이밍

저는 공중보건의사가 되었습니다. 경남 통영시 보건소에 배치를 받게 되었는데요. 한의사로 한방진료를 보는 업무였습니다. 성심껏 진료를 보았고 꽤나 많은 환자분들이 찾아오게 되었습니다. 심지어 다른 섬에서 배를 타고 버스를 타고 오시는 분도 계셨으니까요.

하루의 시작은 새벽 웨이트트레이닝으로 맞이했습니다. 그렇게 운동을 마치고 출근하여 공부도 하고 진료를 보며 시간을 보냈습니다.

퇴근을 하고 난 뒤에도 딱히 할 일은 없었습니다. 그래서 운동을 한 번 더 했죠. 그리고도 시간이 남았습니다. 쓸쓸해서 혼자서 술을 마시는 경우도 있었습니다. 신선한 해산물에 소주 한잔은 꽤 괜찮은 위로가 되어주었습니다.

그런 날도 하루이틀이지, 평생 그렇게 살 수는 없지 않습니까. 좋은 짝을 만나 진실한 사랑을 하는 꿈을 꿨죠. 그런데 고향도 아닌 이 시골에서 어떻게 짝을 찾는단 말입니까. 하는 수 없이 결혼정보업체에 가입을 했습니다. 주말을 활용하여 선을 보는 것이 가장 합리적인 선택지로 보였거든요. 요즘은 자연스러운 일이니까요.

포항에 거주하는 2살 연상의 한 여인과 선자리가 잡혔습니다.

그런데, 그때 정말 말도 안 되는 일이 일어났습니다. 내 인생에 처음으로 반한 사람. 당시에는 부끄러워 말도 잘 못 걸었던, 멀리서만 우와 진짜 말도 안 되게 예쁘다… 감탄만 하던 그녀. 정말이지 반한 그 순간부터 늘 내 머릿속 어느 한 자리를 차지하고 있던 바로 그녀에게서 연락이 온 겁니다.

'오~ 소고기(나의 별명)~ 카페 차리는 거야?'

'응?'

그게 우리의 시작이었습니다.

"사랑하지 않는 것에 대해서는 절망하지 않는다. 절망하지 않는 것에 대해서는 사랑하지 않는다.

먹고 있던 사탕을 떨어뜨리는 일에 절망하지 않는다.

내 삶을 떨어뜨리는 일에 절망하기 마련이다.

사랑하는 만큼 절망한다. 절망하는 만큼 사랑한다."

31.
그녀 인생에
행복이 가득하기를

'아~ 카페 차리는 건 아니고, 커피 로스팅을 하는 회사야. 아버지를 도와 일을 하고 있거든.'
'그렇구나~ 너는 뭐 하고 살아?'
'나는 보건소에서 일해. 너는?'
…

그렇게 주말 약속을 잡았습니다. 조개구이집을 가기로 했죠. 세상에 살다 보니 이런 날도 오는구나 싶었습니다. 오랜만에 보는 거라, 어떻게 컸을까 궁금했습니다. 여전히 어린 시절 같은 동네 살던 각자의 집에서 살던 우리라 거리가 굉장히 가까웠습니다. 같이 택시를 타고 조개구이집으로 이동했습니다. 평소 옷 코디에 대해 신경 쓰지 않지만, 그날은 자연스럽게 깔끔해 보이기 위해 애를 썼던 기억이 있습니다.
'니 좀 괜찮아졌다??'
애를 쓴 보람이 있었습니다.
'나 이제 괜찮아!'
…

조개구이를 구워 먹고 소주 한잔 하며 살아온 이야기를 나눴습니다. 그

때만 해도 내 어린 시절의 짝사랑을 만난다는 설렘이 전부였습니다. 팬심이랄까요? 그녀가 잘 살고 있다는 사실에 안도했습니다. 앞으로 더 좋은 일들만 그녀 인생에 가득하기를 진심으로 바랐습니다.

그러니까, 짝사랑을 오래 했던 나로서는 이렇게 얼굴 보고 마주 앉아 소주 한잔 한 걸로 소원은 다 푼 셈입니다. 또 보고 싶긴 하지만, 각자의 인생이 있으니 말이죠.

그렇게 아쉬운 마음으로 언젠가 다음에 만날 날이 있겠지 속으로 생각하며 헤어졌습니다.

32.
왜 다음 약속을 안 잡니?

'뭐야? 왜 해장하자고 안 해? 강아지 카페 갈래? 태우러 갈게.'
'어? 아, 난 너가 당연히 일정 있을 줄 알았지. 좋아 같이 가자.'

저는 강아지를 정말 좋아합니다. 어릴 때 키우던 코카스파니엘 '폴'이 아직도 꿈에 종종 나옵니다. 떠난 지 20년이 지났는데도 말이죠. 그땐 뭘 몰라서 잘해 주지 못한 게 너무 아쉽습니다. 지금 만나게 되면, 산책을 원 없이 시켜 줄 겁니다.

무튼, 폴이 무지개다리를 건넌 뒤로는 강아지를 볼 일이 거의 없었습니다. 그런데 그녀와 강아지 카페를 가게 되었죠. 실내가 아니었고 강이 보이는 실외에 강아지들이 뛰어다니는 꽤 아름다운 카페였습니다. 물론, 그녀의 강아지 말티즈 '만두'도 함께했습니다. 녀석은 처음 보는 저도 혼신을 다해 반겨 줄 정도로 사람을 좋아했습니다.

그보다 장모닥스훈트가 내 눈을 사로잡았습니다. 너무 귀여웠습니다. 저런 강아지와 함께 살 수 있다면 참 행복하겠다는 생각에 정신이 팔렸습니다. 먼저 떠나보낸 폴 생각도 한참 했죠.

아차, 그러다 보니 그녀와 대화를 많이 나누지 못한 겁니다.

'뭐야. 왜 이리 말이 없어?'

'강아지들이 너무 예쁘다. 나 이런 곳 처음 와 봐. 데리고 와 줘서 고마워.'
'오늘 다시 통영으로 가겠네?'
'응. 가서 출근 준비 해야지.'
'또 언제 와?'
'매주 주말마다 부산으로 와.'

사실 매주 부산으로 오진 않았지만, 그렇게 이야기를 해 둬야, 그녀가 주말에 혹여나 나에게 보자고 편하게 연락을 할 수 있을 것 같았습니다.

참, 남자답지 못합니다만, 때로는 마음을 숨겨야만 합니다.

그래도 그녀와 조금은 가까워지고 편해진 것 같아 기분이 좋았습니다. 나는 더 욕심을 내지도 않았고, 그저 좋았습니다. 같이 커피까지 마시다니….

33.
나는 잘 참는다

그렇게 거의 매일 연락을 했습니다. 휴대폰의 존재에 대해 이리 감사함을 느낀 적이 없었습니다. 그렇게 나는 통영에서 그녀는 부산에서 차로는 한 시간 반 정도 소요되는 거리를 극복할 수 있었습니다.

어린 시절의 사랑이었던 그녀를 매일 좀 더 알아 갈 수 있다는 게 참 좋았습니다. 내 상상 속의 그녀는 진짜 공주였습니다.

뭐랄까요. 디즈니 만화에 나오는 진짜 공주 같은 삶을 살지 않을까? 생각했습니다. (이게 진짜 짝사랑의 특징이다.) 그런데, 사실 그녀도 현실을 살아가는 인간적인 그리고 심성이 따뜻한 또 아주아주 솔직한 (응답하라 1988의 여주인공이었던 '덕선'이와 성격이 참 비슷하다.) 한 사람이었습니다.

큰일이었습니다. 오히려 환상이 깨지고 나니 더 좋아졌으니까요. 늘 보고 싶었습니다. 괜히 그녀 생각에 배시시 웃기도 하고 말이죠.

그래도 내가 누군가! 작은거인 한의빌더입니다. 타고난 바는 없더라도, 절제와 인내는 어디 기서 지지 않습니다. 잘 참았습니다. 충분히 잘.

그렇게 사소한 일상까지 공유하는 친구가 되었습니다. 속으로 '너만 친구라 생각하지, 나는 아니다.' 생각했었지만 말입니다. 그래도 역시, 저는 잘 참는 사람입니다. 끄떡없습니다. 내가 먼저 내 마음을 숨기지 못해 이 소중한 친구 사이를 깨뜨리는 일은 없을 겁니다.

  그러던 어느 날, 사건이 일어났습니다.

34.
내가 걱정도 안 되냐?

　제 마음을 꽤 잘 숨겼나 봅니다. 한 날은 그녀가 대학교 친구들이랑 볼링을 치러 간다고 했었습니다. 모르긴 몰라도, 그중 그녀를 마음에 두고 있는 사내도 있었을 것입니다(이것도 짝사랑의 특징이다). 제 기준으로는 안 좋아하기 어려운 사람이거든요.
　그런데, 저는 앞서 말했듯, 친구로도 이미 충분히 만족한 상태라 더 욕심을 부리지 않기로 결정을 진작 내렸습니다.
　그녀가 친구들과 볼링을 치고 있는 시간대가 밤 11시쯤이었습니다. 당시에는 락볼링장이 유행이었습니다. 그 와중에도 그녀는 나에게 메신저로 연락했습니다. 그렇게 연락을 자주 하는 사이라면, 나도 눈치를 챌 법도 하겠다 생각을 하는 독자도 있겠지만, 정말 상상 못 할 일이라 상상하지도 않았습니다.
　'니는 내가 걱정도 안 되냐?'
　오죽 답답했으면 그녀가 이리 물었습니다.
　'응?'
　또 오죽 답답했으면 그녀가 전화가 왔습니다.
　'걱정도 안 되냐고!'

'당연히 걱정되지. 그 친구들 사이에 분명 너를 마음에 둔 사내도 있을 텐데, 걱정이 안 되고 배기겠냐?'라고는 속으로만 생각하겠다 한 것이 조금은 입 밖으로 나와 버렸습니다.

'어… 걱정 되지 당연히.'

이 대답으로도 성에 안 찬 그녀가 한 번 더 물었습니다.

'걱정이 왜 되는데?'

저는 제 마음을 잘 숨겼는지, 아니면 다 들키고도 나만 몰랐는지, 잘 모르겠습니다.

35.
우리 무슨 사이야?

'걱정이 왜 되기는 지금 시간이 늦었잖아. 곧 집에 들어가야겠네. 내일 출근인데. 조심히 들어가.'

'치. 그래 알았다. 얼른 자.'

걱정이 왜 되기는 좋아하니까, 또 다른 사내가 대시를 할까 봐 걱정이 되지. 근데 무슨 사이라고 그런 이야기를 내가 하겠니…가 내 속마음이었습니다.

여느 때처럼 출근을 하고 연락을 했는데, 그녀가 연락이 잘 되지 않는 것입니다.

내가 뭘 잘못한 건가? 속으로 생각했죠. 그렇게 걱정을 하며 몇 시간이나 지났을까. 점심시간이 되었습니다. 밥을 먹는 둥 마는 둥 하며 그녀 생각뿐이었습니다. 여러모로 삶이 흔들렸습니다.

평소 해야 할 일에 집중하지 못하는 일들은 과감하게 자르는 편입니다. 보통 그런 일들은 내 인생에 도움이 되지 않으니까요. 그런데 그녀는 도무지 내가 어찌할 수 없습니다. 오후 두세 시쯤 되었을까, 그녀가 연락이 왔습니다.

'어디야??'

'어디긴, 보건소 진료실이지.'

'지금 좀 나와 봐.'

어리둥절한 채로 밖으로 나갔습니다. 웅? 그녀가 눈앞에 있었습니다.

'어? 어쩐 일이야? 출근은?'

'반차 쓰고 운전해서 왔다. 반응이 그게 다야?'

진료실에 자리 한 곳을 내어 주고 퇴근 시간까지 진료를 봤습니다. 단지, 그녀가 옆에 있을 뿐인데, 내가 해야 할 일을 더 잘할 수 있게 되었습니다. 심장이 두근거리면서도 마음이 편했습니다.

진료를 마치고, 식사를 하고 카페로 갔습니다. 아직도 그 카페가 기억이 납니다. 커피 한잔을 하며, 스누피 모양 빵을 먹었습니다.

'나 스누피 좋아하는데!'

그녀가 말했습니다.

'그래? 많이 먹어.'

'근데 우리 무슨 사이야?'

그녀가 물었습니다.

36.
꿈이냐 생시냐

'음… 이 정도면 연인이 아닐까? 서로 무슨 일이 있었는지 궁금해하고, 보고 싶고, 알아 가고 싶고, 밥도 같이 먹고, 커피도 같이 마시고, 또 더 같이 있고 싶으니까. 나는 그렇거든.'

제가 말했습니다.

'그래서 그럼?'

'오늘부터 공식적으로 연인이 될까? 1일?'

'그래. 좋아!'

와우. 내 생에 이런 일이. 놀라운 일입니다. 못 믿겠습니다. 꿈은 확실히 아니었습니다. 그녀는 이제 나의 여자친구입니다. 비가 오는데 여자친구가 조심히 잘 갈까도 걱정이 되었습니다. 그보다, 그녀가 내 여자친구라니요.

여전히 믿기지 않습니다. 이런 일이 내 인생에 일어나다니… 정말이지, 간절히 바라면 이루어진다는 '시크릿'의 내용이 어쩌면 사실일지도 모르겠다는 생각이 들었습니다. 간질히 원하는 것으로는 아무 것도 해낼 수 없다는 생각을 갖고 살아가는 나인데, 이번 일은 좀 예외인 것 같습니다. 세상에서 가장 운 좋은 사람은 저입니다. 그 누구도 부럽지 않습니다.

여자친구가 되면, 걱정할 수 있고, 선물할 수 있고, 좋아한다고 말할 수 있다. 또 보고 싶다고 말할 수 있고, 주말에 같이 놀러 가자고 약속을 할 수도 있습니다. 어쩌면 손을 잡을 수 있을지도 모르겠습니다.

'꿈이냐 생시냐.'

그녀가 잘 들어갔다고 연락이 왔고, 자기 전에 통화를 했습니다. 그 후로도 매일 자기 전에 통화를 했습니다. 좋아하는 음악을 이야기하기도 하고, 드라마를 이야기하기도 하고, 하루 있었던 일을 이야기하기도 하고, 친한 친구에 대해 이야기도 하고, 보고 싶다는 이야기도 했습니다.

처음으로 영화를 같이 보기로 약속도 했습니다. '라이온킹 실사판'이었습니다. 그런데 좌석이 커플 좌석이었습니다. 그러니까 중간에 팔걸이가 없이 서로 붙어서 볼 수 있는 그런 좌석이었죠.

머리가 새하얘졌고, 심박이 과할 정도로 높아졌습니다. 그 뒤로는 기억이 잘 나지 않습니다.

37.
맛있는 음식을
같이 먹는 사이

맛있는 음식은 내 인생에서 그리 중요한 위치를 차지한 적이 없었습니다. 대학생 시절, 그저 소주 한잔 하기 좋은 안주면 더 좋은 수준이었죠. 그러니까 과자 안주만 아니면 충분했습니다. 그래야 그 다음 날 컨디션이 더 좋으니까요.

음식은 그저 식단과 같았습니다. 닭가슴살 볶음밥, 우둔살, 회, 계란, 고구마, 감자, 각종 야채가 좋은 음식이었습니다. 맛있다기보다 마음이 편해지는 음식들이죠.

이제는 좀 다릅니다. 내 행복만이 내 행복이 아니니까요. 여자친구가 행복해하면 제가 행복했습니다. 맛있는 음식을 먹는 것이 중요해졌습니다.

이제 저는 더 많이 행복할 수 있습니다. 그녀가 웃을 수 있는 일에 나도 웃을 수 있고, 내가 웃을 일에도 역시 웃을 수 있으니까요.

사실 데이트할 때 대부분은 그녀가 나의 식단에 맞추어 주었습니다. 지금 생각해 보면 정말 감사합니다. 열 번 중 아홉 번은 거의 다이어트 식단을 같이 했습니다.

그러다 한 번씩은
'돈까스 먹자! 아, 이런 음식 잘 안 먹지?'

'아냐. 없어서 못 먹지. 좋아해!'

돈까스는 사실 거의 먹지 않습니다. 맛이 없어서라기보다도, 먹으면 유산소 운동을 많이 해야 하니까요. 힘드니까요.

'너무 맛있다~ 어때? 맛있지?'

여자친구가 웃습니다.

예쁩니다.

사실 돈까스든 삼겹살이든 곱창이든 그런 것이 중요한 게 아닙니다.

유산소 운동이 힘들고 말고 까짓 것, 좀 하면 되지. 그게 중요한 게 아닙니다.

웃는 얼굴을 볼 수만 있다면, 돈까스는 매일 먹을 수 있겠습니다.

한참이 지난 지금도 여전히 내가 맛있는 음식을 먹는 이유는 '그녀가 웃어서'입니다.

38.
네가 웃으면 나도 좋아

여자친구와 사계절을 함께 보냈습니다.

같이 안 해 본 것이 없을 정도죠.

오래 연애할수록, 새로운 데이트를 찾지 않아도, 같이 있다는 사실만으로도, 과분하게 행복하다는 사실을 깨달을 수 있습니다.

내 짝이라는 확신에는 시간이 필요합니다.

그동안 크게 싸운 적이 없었습니다. 단 한 번도.

왜냐하면, 조금이라도 다툼이 있으면, 그 하루가 너무 힘들었기 때문입니다.

그런 날은 도무지 일에 집중이 되지 않았습니다.

마치 하루가 다 망가지는 느낌이었습니다.

너무 위험하기 때문에 싸워서는 안 되었습니다.

그리고, 저는 애초에 여자친구와 다투는 것이 목표가 아니라, 더 신뢰하는 사이가 되는 것이 목표였습니다.

그럼 도무지 씨울 이유가 없는 것이죠.

여자친구와의 다툼은 절대 하루를 넘기지 않았습니다.

그 전에 반드시 사과를 했습니다.

그녀도 잘못한 경우에는 먼저 사과를 했습니다.
다툼이란 것에서 나의 태도를 고칠 수 있습니다.
반드시 내가 잘못한 부분이 있을 수밖에 없습니다.
그것을 개선해 나간다면, 나라는 인간 자체도 성장합니다.
성장과 발전을 떠나서, 나는 그녀가 웃을 때가 좋습니다.
그게 전부입니다.
그녀가 기분 좋아서 신나 하는 모습(한 번씩 춤을 추는데 너무 사랑스럽다)이나 활짝 웃는 얼굴이 너무 좋습니다.
다투는 건 생각보다 중요하지 않습니다.
그것을 통해 이룰 수 있는 가치는 그리 크지 않기 때문입니다.
그것을 극복하고, 같이 웃을 수 있는 것이 중요합니다.
그렇게 우리는 더 먼 미래를 약속해 나갔습니다.

39.
결혼이라는 현실

그녀와 결혼하고 싶었습니다. 다른 사람과 함께 있는 나의 모습은 도무지 상상할 수가 없었고, 나 이외의 다른 사람과 있는 그녀의 모습은 더욱 상상할 수 없었고, 상상하기 싫었습니다. 늘 제가 곁에 있고 싶었습니다.

저는 그녀와 결혼을 하겠다는 굳은 마음이 있었습니다.

그녀 역시, 같은 마음이었습니다.

문제는 제 재정적 상황이었습니다. 모은 돈이 없었습니다. 피치 못할 사정이 있어 돈을 모으지 못했습니다. 주식을 하거나 코인을 하거나 도박을 해서 돈을 낭비한 것은 결코 아닙니다. 그런데, 어찌 돈을 모으지 못했는가? 라고 물어본다면, 정말 중요한 일이 있었다는 대답밖에는 해 줄 수가 없습니다.

무튼 결혼을 하고 싶은 마음은 굴뚝같지만, 남부럽지 않게는 아니더라도, 남보다 모자라진 않게 해 주어야 한다는 고집이 있었습니다. 그렇지 않겠습니까? 세상에서 가장 사랑하는 신부인데, 세상 누구보다 빛나길 바라는 마음은 어찌할 수가 없습니다.

그런데, 현실은 이를 허락하지 않았죠.

'결혼은 언제 할 거야?'

그녀가 물었습니다,

'돈을 좀 모으고 해야 할 것 같아. 이제 취업해서 근무 시작하면, 지금보다는 사정이 더 나아질 거야. 그렇게만 되면, 시간만 좀 지나면, 당신에게 해 줄 수 있는 것이 더 많아질 거야.'

제가 대답했습니다.

'그런 건 아무래도 좋으니까. 우리 결혼하자.'

그렇게 우리는 결혼했습니다. 다행히 운이 좋아 남보다 모자라진 않은 꽤나 근사한 결혼을 했습니다. 결혼을 하고 나서 달라진 점은 그녀를 더 사랑하게 된 것 말고는 크게 느껴지는 바가 없습니다. 마음껏, 있는 힘껏 더 사랑할 수 있게 된 느낌이랄까요?

이제 그 어린 시절, 밤잠을 설쳐 가며 보고 싶어 하고 몰래 짝사랑하던 그녀가 나의 아내가 되었습니다. 세상에서 가장 행복한 사람은, 가장 행운을 타고난 사람은 바로 접니다. 가장 든든한 그녀가 나의 와이프니까요.

저는 무엇이든 해낼 수 있는 사람입니다.

현실은 결국 극복됩니다.

40.
사는 게 참 바쁘다

    결혼을 하고 나니, 오히려 더 아내를 보기 힘듭니다. 데이트할 시간도 모자라집니다. 사는 것이 그리 만만치가 않습니다. 나도 그녀도 밤낮을 가리지 않고 열심히 일합니다. 헤쳐 나가야 할 수많은 난관도 서로 힘을 합치면, 금방 해결됩니다. 함께 있는 시간은 황금보다 소중해졌습니다.

    몇 년의 신혼생활을 거쳐, 집도 사고, 차도 샀습니다. 우리 부부가 자랑스럽습니다. 내가 가장 행복한 순간은 아내가 편안하게 잠든 순간, 그 숨소리를 들을 때입니다. 은은한 미소가 지어집니다. 때로는 앓는 소리를 내기도 합니다. 얼마나 하루가 고단했을까, 속상한 마음에 잠든 그녀의 손을 잡아 줍니다.

    그렇게 우리 부부에게도 아이가 생겼습니다.

    아이의 태명은 '떡꾹'입니다.

    '내가 아버지가 된다니…!'

    어깨가 무거워졌습니다. 책임감이 더 강해졌죠. 기분은 날아갈 듯 좋습니다.

    반드시 더 좋은 사람이 되어야만 하는 강력한 이유가 생겼습니다.

    이제 더 이상 힘든 일이 힘들게 느껴지지 않고, 어려운 일이 어렵게 느꺼지지 않습니다.

자랑스러운 아버지가 되기 위해, 자랑스러운 일들을 많이 해내고 싶습니다.

아이가 살아갈 인생에서 나침반 역할을 하고 싶습니다.

그렇게 지금보다 더 나은 삶을 향한 제 여정은 여전히 이어지고 있습니다.

덧붙이고 싶은 이야기

물감으로 빛을 표현할 수 있을까요?

빛의 찬란하고 눈부신 그 느낌을 물감으로 완벽하게 만들 수 있을까요? 불가능합니다. 빛은 섞을수록 밝아지고 물감은 섞을수록 어두워지기 때문이죠. 물감이라는 물질로는 빛의 성질을 만들어 낼 수가 없습니다. 그럼 이 빛을 물감으로 어떻게 표현할 수 있을까요? 간단합니다. 주변을 어둡게 함으로써 어떤 대상이 빛나는 듯 보이게, 밝게 만드는 것입니다.

웬 물감 이야기야 할 수 있겠지만, 실제 삶에 적용해도 도움 되는 이야기입니다. 사실 아주 냉철하게 말해서 '꿈', '이상'이라고 하는 걸 정말로 완벽하게 실현할 수 있을까요? 그렇지 않습니다. 빛과 같아요. 빛을 완벽하게 표현할 수 없는 것과 같습니다.

어떻게 하면 그 꿈, 이상을 가능한 한 최대한 실현할 수 있을까요? 물감이라는 현실적인 제약을 충분히 이해하고 받아들인 상태에서 할 수 있는 것은 주변을 어둡게 하는 거라고 볼 수 있습니다. 달리 말해서 받아들이기는 싫지만, 그냥 열심히 힘들게 고되게 피곤하게 현실에 충실하며 극복해 나가는 일이 빛이라는 꿈 이상에 한 발자국 더 가까워지는 방법입니다.

대단한 업적을 이룬 사람들의 상당수가 아주 어둡고 고통스러운 과거,

환경을 가지고 있다는 것도 일맥상통합니다.

  그러니 혹시 지금의 나의 상태가 너무 어둡고 힘들다고 하더라도, 그 어둠과 힘듦, 현실이 결국 빛, 내 꿈과 천국보다 더 이상적인 것인 셈입니다.

쉬어 가는 페이지
- 아버지

　제 아버지는 굉장히 똑똑합니다. 사람 머리에 저 정도의 지식이 들어갈 수 있는가 싶을 정도입니다. 저랑은 완전히 다릅니다. 아버지를 보고 깨달았습니다. '나는 머리가 나쁘다.' 뭔가를 공부하면 기억이 안 납니다. 소설을 읽을 때, 주인공 이름이 길거나 낯설면 기억이 안 납니다. 누가 주인공인 줄 모르겠습니다. 그래서 외국 소설을 잘 못 읽을 정도입니다.

　반면, 제 아버지는 다릅니다. 다 기억합니다. 박물관이나 미술관에 가더라도 '이 그림은 ~~~.' 뉴스에서 일본 이야기가 나오면 일본 역사, 문화, 경제 등에 대해서 또 끝나지 않을 이야기가 이어지고요. 스피커가 독일제라 하면, 독일의 이야기가 쭉 이어집니다. 어릴 적, 제가 데카르트의 명언에 대해 궁금증이 생겨 물어본 적이 있습니다. 저는 데카르트에 대해 물었을 뿐인데, 데카르트를 알기 위해서는 누구를 먼저 알아야 하고, 그 다음 누구를 알아야 하고, 또 그 당시 배경을 알아야 하고, 무슨 그리 알아야 할 것이 많은지 엄청난 이야기를 들었습니다(엄청난 이야기를 들었다고 쓰여 있지만, 엄청난 고통을 받았다고 읽으시면 됩니다). 참 대단해서 웃음이 나올 정도입니다. '아니, 저걸 왜 알고 계시지?' 했던 때가 한두 번이 아닙니다.

이렇게 똑똑한 제 아버지께 배울 점은 많은 것을 알고 있자는 것이 아닙니다. 지금, 환갑이 가까워지는 연세에도 배움을 끊지 않는다는 것입니다. 계속 공부하십니다.

저도 새벽에 일찍 일어나는 편이지만, 아버지는 더 일찍 일어나십니다. 제가 일어나서 아버지는 무얼 하시지 보면 뉴스 기사를 읽으시거나, 다큐멘터리를 시청하시거나, 하고 싶은 공부를 하고 계십니다. 최근에 봤을 때는 일본어 공부를 하고 계시더라고요. '참 일반적인 사람은 아닌 분이다.'라는 생각이 드는 와중에, 저는 이미 운동을 갈 채비를 하고 있더군요. 아버지의 그런 모습을 보고 저도 알게 모르게 배웠나 봅니다. 하루를 일찍 시작하는, 눈을 뜨자마자 내 발전을 위한 일을 하는 그 습관은 아버지께서 제게 주신 가장 큰 유산입니다.

저는 타고난 것이 새벽형 인간은 아니었습니다. 초등학생 때까지만 해도 도저히 잠에서 못 일어나 지각을 한 적이 한두 번이 아닙니다. 원래 아침잠이 많은 아이였지요.

그런데 언제부턴가 아버지께서 새벽마다 저를 깨우시는 겁니다. 지금 생각해 보면 심심해서 깨우신 것 같습니다. 문제는 여기 있습니다. 저만 깨운다는 겁니다. 동생은 자게 내버려 두고, 어머니도 주무시게 내버려 두고 말이죠. 그렇게 어릴 때부터 아버지로부터 아침잠을 빼앗기는 것이 계속해서 이어지자, 아버지가 깨우지 않아도 알아서 눈이 떠지게 되었습니다.

이제부터는 저의 역습이 시작됩니다. 고3 시절 저는 웨이트트레이닝을 하기 위해 새벽에 눈을 떠야 했습니다. 헬스장이 집에서는 조금 멀리 떨어져 있어서 차를 타고 가야 했기에, 아버지가 필요했습니다. 그 당시, 저는 아버지보다 더 일찍 일어나서 아버지가 주무시는 방으로 들어가 가만히 서서 인기척을 냈습니다. 새벽형 인간들끼리의 힘겨루기였습니다. 어느 날은 제가 늦게 일어나 아버지께서 저를 깨워 운동을 간 적도 있지만, 제가 더 많이 아버지를 깨우러 갔습니다. 저의 승리입니다.

　아침잠을 빼앗기는 건, 유쾌한 일이 아닙니다. 빼앗는 것은 유쾌한 일입니다.

　생각해 보면 그 당시, 새벽같이 일어나 저와 함께 운동을 가 주신 아버지께 너무 감사합니다. 아버지 덕분에 지금 제가 있습니다. (아래 사진 - 시합장에서 공부하는 모습)

2부

작은 거인을 만든 가치관

1.
체력을 길러라

　공부를 오래 해야 하는 사람들이 자주 듣는 이야기지요. '체력을 길러라.' 전 솔직히 그 당시 이렇게 생각했습니다. '체력은 무슨 체력, 앉아서 공부만 하는 건데, 숨이 차기를 하나 근육이 쑤시기를 하나 운동은 왜 하라고 그러는 걸까? 운동하면 더 힘든데, 공부를 더 오래 못 하게 되는 것 아닌가?'

　결론부터 내 보자면 운동하시는 것은 공부에 도움이 됩니다.

　여러 연구들에 따르면 운동은 기억과 사고를 돕습니다. 운동의 이점은 인슐린 저항성을 감소시킵니다. 이는 혈중 포도당을 더 잘 활용할 수 있음으로 보셔도 괜찮습니다. 뇌가 포도당이 필요할 때 빠르게 반응할 수 있게 도울 것으로 예측할 수 있죠. 또 염증을 줄입니다. 뇌세포의 건강에 영향을 미치는 뇌의 화학 물질 활용, 뇌의 새로운 혈관 성장을 자극합니다. 뇌세포의 생존 가능성을 높이는 것이죠.

　간접적으로 보면 운동은 기분과 수면을 향상시키고 스트레스와 불안을 감소시킵니다. 물론 운동을 한다고 해서 성적이 저절로 오르지는 않겠지만, 운동이 학업에 도움을 줄 수 있다는 것입니다.

　과학적으로 봤을 때, 운동이 학업에 도움이 된다는 것은 일리가 있습니다. 그렇다면 현실적으로도 그러할까 생각해 봅시다. 공부할 시간도 모자란데, 거기다가 운동까지 해도 될까요? 제 경우는 이러합니다.

하루는 86400초로 제한이 되어 있습니다. 이 중 실제로 활용할 수 있는 시간은 훨씬 적겠습니다. 활용할 수 있는 시간이 제약되면 제약될수록 뇌의 회전수는 높아집니다. 소위 말하는 벼락치기도 같은 원리입니다. 시간이 제약된 상태이기에 평상시보다 좀 더 집중할 수 있는 것입니다. 예로 들어 봅시다. 중간고사를 보는데 10주 전부터 미리 공부를 한다고 합시다. 안 합니다. 일주일 전부터 공부를 한다고 합시다. 합니다. 이처럼 시간이 부족하게 되면 실천력이 극도로 높아집니다.

그렇지만 '공무원 시험이 8개월 남았습니다.' '수능이 일 년 남았습니다.' 이런 경우에는 시험 준비하는 기간이 비교적 긴 편입니다. 하루하루를 그냥 보내며 시간이 모자랄 때까지 기다릴 수도 없는 노릇이지요.

이럴 때 제가 제안하는 방법이 있습니다. 하루 그 자체만 바라보는 겁니다. 하루가 86400초인 것이 모자라게 만들라는 것입니다. 공부만 해도 모자랄 것 같은 시간인데, 거기다가 운동하는 시간까지 넣어 보십시오. 시간이 정말 모자라다는 느낌이 듭니다. 뇌의 회전수가 높아지고 각성됨을 알 수 있을 것입니다. 배수의 진과 유사한 느낌입니다.

운동을 시작해서 당장 얻는 생물학적 이익은 없을 수 있습니다. 다만 위와 같은 '모자람에서 오는 각성'의 장점은 충분히 가져갈 수 있습니다. 시간에 한계를 자의적으로 두시고, 그 긴장감을 활용해 보시길 바랍니다. 더 발전적으로 성장하고 있음을 알 수 있을 것 입니다.

공부와 운동을 병행할 수 있는 이유, 해야 하는 이유 중 하나입니다.

2.
혼자 지내기

홀로 있어야 내가 무엇이 결핍되어 있고 무엇이 부족한지 알 수 있다.

저는 먼저 홀로 지내는 시간을 보내라고 말씀드리고 싶습니다. 그 이유는 스스로가 누구인지 그리고 외부의 영향 없이 본인이 원하는 것에 대해 온전히 집중할 수 있기 때문입니다.

타인과의 교류가 제한되고 외부와의 교류 또한 제한이 되면, 타자의 욕망에 덜 신경 쓰게 됩니다. 물론 이 부분에 대해서 완전히 자유롭기란 불가능하겠지만, 사회적인 교류, SNS 등을 끊고 지내다 보면 진정으로 자신이 무엇을 원하는지 알 수 있습니다. 평생을 그렇게 보내라는 것이 아니라 그렇게 보내는 시간이 필요하다는 것이죠.

저는 학창시절 항상 밥을 혼자 먹었습니다. 대학교에 올라와서도 마찬가지였습니다. 예과 1학년 2학년 때도 점심시간이 보통 1시간이었는데, 그때 보통은 운동을 하러 갔습니다. 체육관까지 왔다갔다하는 시간 10분 정도였고요. 실질적으로 운동하는 시간은 40분 정도였습니다. 옷도 갈아입어야 했고, 닭가슴살도 쑤셔 넣었어야 했으니까요.

이 말은 점심시간이면 동기들과 밥도 같이 먹으면서 이야기 나누고 친해지는 시간을 나 혼자 보냈다는 뜻입니다. 그리고 또 수업이 마친 뒤면,

체육관에 들렀죠. 이렇게 운동에 시간을 투자해 보니 확실히 알게 된 것이 있습니다.

'아, 나는 운동(웨이트트레이닝)을 좋아하는구나.'

입니다.

혼자 영화도 보고, 공부도 하고, 운동도 하고, 밥도 먹고 하다 보면 말할 상대가 없습니다. 그렇다고 생각 없이 시간을 보내지도 않습니다. 혼자 골똘히 생각을 하는 겁니다. 제 내면과의 대화를 시작하는 거죠. 무슨 헛소리인가 싶을 수 있겠지만, 해 보시면 아실 것입니다.

친구들이나 연인이나 다른 사람들과 시간을 함께 보내면 나에게 집중을 그만큼 덜 하게 됩니다. 상대방이 원하는 바가 무엇인지 신경 쓰게 되니까요. 반면, 홀로 있으면 자신을 내면의 존재에 더 가까이 가게 할 수 있습니다.

양계초《신민설》을 보면 이런 이야기가 있습니다. '어떠한 외적인 환경에서도 자신의 마음을 그대로 발현하도록 하기 위해서는 수양이 필요하다.' 양계초는 그 수양의 방법으로 '신독(愼獨)'을 제안합니다. 삼갈 신, 홀로 독입니다. (자기 홀로 있을 때에도 도리에 어그러지는 일을 하지 않고 삼감 - 출전《大學(대학)》) 정말 중요합니다. 주변에 보는 눈이 없고, 외적으로 일이나 업무를 강제받지 않는 상황에서 스스로 해야 할 일에 최선을 다하는 것 또한 신독의 일종입니다. 강제받지 않더라도 나태하지 않고 본인이 진정 원하는 바가 무엇인지에 대해 생각 하고, 지키고, 실천할 줄 알아야 합니다.

"자기 자신과 연애하듯 살아라. 자부심이란 다른 누구도 아닌 오직 당신만이 당신 자신에게 줄 수 있는 것이다. 다른 사람들이 당신에 대해 뭐라 말을 하든 어떻게 생각하든 개의치 말고 언제나 자신과 연애하듯이 삶을 살아라."

- 어니 J. 젤린스키

"최상의 생각은 고독 안에서 이루어지고 최악의 생각은 혼란 속에서 나온다."

- 이와타 마쓰오, 《결국 성공하는 사람들의 사소한 차이》

3.
후회하지 않기

　수능과 재수 때 후회는 없었을까요? 좀 더 잘해서 더 좋은 곳 갈 수 있었을 텐데, 그 때 나태해하지 않았더라면, 보디빌딩 시합 전 준비기간 때 조금 더 열심히 했더라면, 하는 후회 말이에요. 뿐만 아니라, 그날 그 횡단보도를 건너지 않아서 교통사고가 나지 않았더라면 같은 후회들까지요.

　저는 후회들에 대해서는 가볍게 생각합니다. 과거는 단지 제 뇌 어딘가에 남아 있는 아주 작은 흔적으로, 기억 저장세포로 남아 있을 뿐이라고요. 과거에 집착하고, 한탄을 하는 후회는 나의 실질인 현재와 다가올 실질인 미래까지 망치는 일이에요. 과거는 흘러간 이상, 기억저장세포일 뿐이에요. 그 작은 세포 때문에, '나'라는 가치 있는 존재가 앞으로 나갈 수 없어서야 되겠나요?

　오히려 과거의 잘못으로 인해 지금의 발전이 있다고 생각하고 넘어가는 편이 낫습니다. 내가 내린 결정에 대한 책임은 전적으로 나에게 달려 있으니까요. 저만 보더라도 그렇지 않나요? 과거의 잘못과 실패 덕분에 저는 많이 발전해 왔다고 생각합니다. 오히려 과거의 실패를 긍정하는 편이 앞으로의 도전에 힘을 실어 줍니다. 더 실패해도 괜찮다고요.

　과거는 내 머릿속에 있고, 미래는 내 손에 달려 있습니다.

"끝난 일에 대해서는 언급할 필요가 없으며, 지난 일에 대해서는 허물을 물을 필요가 없다."

- 공자

4. 타인의 부정적인 시선 압도하기

신입생으로서 처음 가졌던 술자리가 기억이 납니다. 그 당시만 해도 저는 2년 정도 운동을 한 상태여서 몸이 나쁘지는 않았습니다. 한 선배와의 대화가 기억에 남네요.

"너, 그 운동 계속 할 거야?"

"네. 계속 하고 싶어요. 좋아합니다."

"아마 힘들 걸. 학교 일정이 만만치가 않아."

"그렇군요."

이렇게 내가 무언가를 해내겠다고 했을 때 부정적인 시선을 보내는 타인은 두 가지 부류가 있다 봅니다. 하나는 '너는 못 할 것이다. 왜냐하면 내가 못 했으니까.' 본인이 못 한 것을 나이가 어린 후배나 동생이 해낼까 봐 무서워서 그런 말을 하는 겁니다. 겁쟁이입니다. 논할 가치가 없습니다. 곁에 둬서 득 될 것이 없는 사람입니다.

다른 하나는 '나는 해냈다. 그렇지만 너는 못 할 것이다.' 자아도취감이 심한 사람입니다. 본인이 한 노력의 강도를 본인보다 어린 후배나 동생들이 감당하지 못할 것이라 생각하는 케이스입니다. 전자보다는 조금 낫지만, 그래도 한심합니다.

다시 저 대화를 했을 때로 돌아가 봅시다. 속으로는 이렇게 생각했습니다. '그건 니 생각이고.' 무언가를 하기에 앞서 다른 사람들의 이야기를 듣고 겁먹을 필요가 없습니다.

다른 사람은 그냥 다른 사람일 뿐입니다. 다른 사람이 못 했다고 해서 나까지 못 하리란 법은 어디에도 없습니다. 또 다른 사람이 해냈다고 해서 나도 해낼 수 있다는 법 또한 없겠죠. 그리고 보통 '이 일은 어렵다.'라고 겁을 주는 사람들은 대개 선배들이나 본인보다 나이가 많은 어른들입니다. 이미 해 본 사람들입니다.

제 추측인데 아마 그렇게 말하는 의도는 '이 일은 굉장히 힘들다. 나는 그것을 해냈다. 너는 아마 못 할 것이다.'라고 보입니다. 저는 다 무시합니다. 무시해도 됩니다.

나보다 학년이 높고, 나이가 많다고 해서 반드시 나보다 잘 살고 잘 아는 것은 아닙니다. 예를 들어 봅시다. 20년 동안 조기축구회에서 축구를 해 온 사람과 5년 동안 프로축구선수로 데뷔하기 위해 축구를 해 온 사람이 있다고 합시다.

누가 더 잘할 것 같습니까? 후자입니다. 내가 선배들보다 축구를 짧게 했다고 해서 못하는 것이 아니듯, 삶도 그렇다는 거죠.

극단적으로 비교해 볼게요.

50년 동안 자신의 이익을 챙기고 남들처럼 묻어가면서 시키는 일 하면서 중간만 가자는 마인드로 살아온 사람과 25년 동안 봉사정신을 지닌 채 남들에 휩쓸리지 않고 주체적으로 일하면서 끝까지 가 보자는 마인드로 살아온 사람이 있다고 합시다. 누가 더 잘 산 것 같습니까? 저는 후자라고 봅니다.

삶의 가치와 존중은 그 양에서 오지 않는다고 봅니다. 그 양이 많다고 해서 권위를 내세우는 사람은 마음에 둘 필요가 없는 사람들이고요.

물론 그렇다고 해서 연장자를 공경할 필요가 없다는 뜻은 아닙니다. 다만, 경력이 오래되었다고 해서 그 일을 반드시 잘하는 것은 아니고 삶도 마찬가지라고 봅니다. 오래 살았다고 하여 삶을 잘 영위할 줄 안다고 할 수 없습니다.

우리는 시간이 아니라 가치에 의해 평가됩니다. 100살을 넘게 살았다고 해서 잘 살았다고 하지는 않습니다. 20살에 세상을 떠났다고 해서 못 살았다고 하지도 않습니다. 잘 사는 것과 오래 사는 것은 다릅니다.

아, 그나저나 저에게 공부와 운동을 병행하는 것이 힘들 것이라고 기를 죽인 그 선배님은 잘 사시려나 모르겠습니다.

"나이가 성숙을 보장하지는 않는다."

- 라와나 블랙웰

5.
자신감 가지기

보디빌딩 시합에 출전할 때마다 느끼는 감정이 있습니다. 다른 선수분들은 모두 갑옷을 두른 듯 강한 전사처럼 보이지만, 저는 헐벗은 느낌이 듭니다.

시합 준비 기간에 조언을 구했던 선생님이 계십니다. 말씀하시기를, "실제로 네 몸이 좋든 나쁘든, 그 무대 위에서 가장 좋다고 생각하면서 포징을 해라." 이는 자신감의 문제입니다. 스스로를 얼마나 믿을 수 있냐의 문제입니다.

준비기간에 할 수 있는 가장 중요한 일은 치열하게, 나태함을 경계하며, 꾸준히 한 발씩 나아가는 일입니다. 그 일이 끝난 뒤, 결정적인 순간인 시합날에 할 수 있는 가장 중요한 일은 그 준비해 온 것을 바탕으로 자신 있게 주눅 들지 않고 최선을 다하는 일입니다.

스스로에게 자신감을 잃은 순간, 약해집니다. 시험이든 시합이든 결과를 내는 순간에 실력은 이미 정해져 있습니다. 그 실력이 낼 수 있는 결과의 범위는 한정되어 있고요. 그 범위 중에서 높은 결과를 내느냐, 낮은 결과를 내느냐는 자신감에 달려 있습니다.

예를 들면 그런 겁니다. 제가 자신감이 바닥을 치고 있다면, 저는 토끼인 셈입니다. 쉬운 먹잇감이 됩니다. 반면, 제가 자신감이 하늘을 찌른다면, 저는 호랑이인 셈입니다. 쉬운 상대가 아니게 됩니다. 이런 맥락에서의 명언도 있지요.

"나 자신에 대한 자신감을 잃으면, 온 세상이 나의 적이 된다."
- 랄프 왈도 에머슨

 랄프 왈도 에머슨이 이러한 말을 한 이유가 있는 겁니다. 정말로 내가 나 자신에 대한 자신감을 잃으면, 그만큼 약해지고 표적이 되기 쉽다는 겁니다. 모두가 적이 되는 것이지요.
 일반적으로 누구든 이길 수 없는 상대를 적으로 만들려고 하지는 않습니다. 토끼가 호랑이를 적으로 만들려고 하지 않는 것 처럼요. 그렇기 때문에 우리는 자신감을 가져야 합니다. 물론 뒷받침되는 노력이 없이 자신감만으로 이루어 낼 수 있는 일은 없지요. 다만, 최선을 다한 뒤에 할 수 있는 것은 자신감을 가지는 일밖에 없다는 겁니다.
 못 가지겠으면 자신 있는 척이라도 하면 됩니다. 셰익스피어는 이런 말을 했습니다. '덕을 갖추지 못했다면 있는 척이라도 해라.' 자신감에도 적용하면 좋습니다. 자신이 없으면 있는 척이라도 하면 됩니다.
 자신감이 넘치는 사람들도 어떤 확실한 근거나 믿는 구석이 있어서 그런 것이 아닙니다. 실력으로는 별반 다를 것이 없는데, 자신감 때문에 결과가 다르게 나오면 억울하지 않습니까? 다 척입니다. 척. 그러니까 겁먹지 마세요. 남이 대단해 보이는 만큼, 남도 제가 대단해 보입니다.

"나무에 앉은 새는 가지가 부러질까 두려워하지 않는다. 새는 나무가 아니라 자신의 날개를 믿기 때문이다."

- 류시화, <새는 날아가면서 뒤돌아보지 않는다>

"스스로 할 수 없다는 생각은 망하는 근본이고, 스스로 할 수 있다는 생각은 만사가 흥하는 근본이다."

- 안중근 의사

6.
허무주의를 경계하기

저는 허무주의자들 싫어합니다. 열심히 운동하고 몸을 만들다보면 주변에서 꼭 이런 질문을 받습니다.

'그렇게 열심히 살아서 뭐 하냐? 너 어차피 그렇게 근육 키워도 나이 들면 다 빠져. 그냥 먹고 싶은 것 먹고, 즐기면서 살아.'

물론, 시간이 지나 나이가 들고, 병이 들면, 지금보다야 근육이 줄 수 있겠지요. 제 운동과 식단관리의 종착지, 최종적인 결과는 병들어 약한 육체일 수 있습니다. 다만, 목표는 그것이 아닙니다. 귀결, 종착지는 약한 육체일 수 있겠지만, 목표, 목적은 강한 육체인 겁니다.

밥을 예로 들면 좋습니다. 밥을 왜 먹습니까? 어차피 배가 고파지는데 말이죠. 밥은 배가 고프기 때문에 먹는 것입니다. 배가 고파지는 것은 귀결이긴 합니다만 목적은 아닙니다. 밥을 먹어 배를 채우는 것은 귀결은 아닐 수 있겠지만 목적입니다.

운동으로 볼까요? 운동을 왜 합니까? 어차피 결국 약해지는데 말이죠. 약해지는 것은 최종적인 결과일지 모릅니다. 그렇지만 약해지기 위해서 운동하는 것은 아닙니다. 강해지기 위해 운동을 하는 것이고, 약하기 때문에 하는 것입니다.

더 나아가 삶으로 봅시다. 왜 삽니까? 어차피 죽는데 말이죠. 삶은 죽기 때문에 사는 것입니다. 죽음 또한 삶의 원동력이 되는 것입니다.

배가 고픈 것, 약한 것, 죽는 것은 원동력이자 이유입니다. 꽃이 피는 모습을 보셨습니까? 피는 모습을 보면, 질 것을 모르는 것처럼 핍니다. 벚꽃이 만개된 거리를 보면, 정말로 나중에 질 것을 모르는 것처럼 활짝 핍니다. 너무 아름답습니다. 우리도 그랬으면 좋겠습니다.

"과거에 대해 생각하지 말라. 미래에 대해 생각하지 말라. 단지 현재에 살라. 그러면 모든 과거도 모든 미래도 그대의 것이 될 것이니."

- 라즈니쉬

"죽으려 가는 게 아니야. 내가 정말 살아 있는지를 확인하려 가는 거야."

- 카우보이 비밥

7.
핑계 대지 말고,
환경 탓하지 말기

"인생은 다음 두 가지로 성립된다.
하고 싶지만 할 수 없다.
할 수 있지만 하고 싶지 않다."

- 괴테

해석은 다양하게 할 수 있겠죠. 언어란 것이 그런 거니까요. 제 상황에 맞게 크게 두 가지로 해석하자면 이렇습니다.

예를 들어,
전교 1등 하고 싶지만 할 수 없다. 공부 할 수 있지만 하고 싶지 않다.
보디빌딩 하고 싶지만 할 수 없다.
운동, 식단, 휴식 할 수 있지만 하고 싶지 않다.

꿈은 꾸지만 이룰 수 없다고 보고, 꿈을 이루는 과정에서의 노력은 할 수 있지만 하고 싶지 않다고 보는 것입니다. 욕심은 많지만 포기한 상태이고, 나태함에 빠진 것이죠.

이것이 제 첫 번째 해석입니다.

머릿속으로 꿈꾸는 것은 참 쉽죠. 근데 그건 말 그대로 꿈이죠. 아인슈

타인의 명언이 떠오릅니다. '어제와 똑같이 살면서 다른 미래를 기대하는 것은 정신병 초기증세이다.' 내 일상을 바꾸고 싶지는 않고 (힘이 드는 일이니까요) 내 미래를 바꾸고는 싶고요. 말이 안 됩니다. 왜 아인슈타인이 이러한 상태를 정신병 초기증세라고 말한 것인지 알 것 같습니다. 망상이잖아요. 아무것도 하지는 않으면서 꿈만 꾸는… 그러면 결론은, '현재를 바꾸지 말고, 미래가 바뀌기를 꿈도 꾸지 말든가. 현재를 바꾸고 미래를 바꾸어 꿈을 향해 나아가든가'입니다. 저는 후자를 택했습니다. 그러기 위해 많은 것을 포기하고 끊었습니다. 나의 하루 중 어떤 시간을 빼야지, 새로운 일을 할 시간을 더할 수 있습니다.

두 번째 해석으로는

전교 1등 하고 싶지만 집이 가난하여 과외를 못 받기에 할 수 없다.

전교 1등 할 수 있지만 (수많은 노력을 해야 하고 힘들기에) 하고 싶지 않다.

보디빌딩 하고 싶지만, 어깨가 좁아서 키가 작아서 할 수 없다.

보디빌딩 할 수 있지만 (운동하기 힘들고 식단 지키기 힘들기에) 하고 싶지 않다.

꿈은 있지만 환경, 조건 때문에 할 수 없다고 핑계를 대는 것이거나 꿈을 이룰 수는 있지만 그 과정이 힘들어서 하고 싶지 않다고 나태함을 표현하는 것. 환경 조건 탓을 돌리면서 본인 인생 꿈 포기하는 것입니다. 노예 정신의 정수입니다. 본인 인생을 본인이 결정해야 하는 것이지, 왜 환경 조건이 결정하게 놔둡니까.

과정이 힘들기에 인생, 꿈 포기해 버리는 나태함. 이것은 죽어야 합니다. 내 안에 있는 나태함, 게으름은 다 죽어야 합니다. 죽여야 제가 자유롭게 삽니다.

"항구에 머물 때 배는 언제나 안전하다. 그러나 그것은 배의 존재 이유가 아니다."

- 존A. 세드

"희망은 절대로 당신을 버리지 않는다. 다만 당신이 희망을 버릴 뿐이지."

- 리처드 브리크너

8.
새로 시작하기 위해 비우기

 현재를 바꾸어서 미래를 바꾸기 위해 먼저 대대적인 공사를 해야 합니다. 예를 들어 '운동을 규칙적으로 하고 싶다. 공부를 오랫동안 하고 싶다. 꾸준히 책을 읽고 싶다.'라는 발전적인 마음을 먹었다고 합시다. 독하게 마음먹었더라도 운동, 공부, 독서는 금방 포기하게 됩니다. 그렇다면 어떻게 해야 할까요?

 답을 드리기에 앞서 당신의 한계는 없다. 사람의 잠재력은 무궁무진하다. 새빨간 거짓말입니다. 유궁유진합니다. 하루만 하더라도 시간이 한정되어 있다. 내가 한 가지 활동을 하면 그 순간은 다른 한 가지 일을 포기해야 하는 것이지요.

 본론으로 들어가 운동, 공부, 독서 등을 습관, 좋아하는 취미로 만드는 방법에 대해 이야기해 보겠습니다.

 일단 끊어야 합니다. 운동, 공부, 독서는 원래의 일상에 추가되는 것들이 아니라 원래의 일상적 활동(Ex. PC방에서 게임하기, TV로 드라마, 예능 보기)에서 무언가를 뺀 뒤에 대체되는 활동입니다. (물이 가득 찬 컵이 있는데 거기다가 새로운 물을 더 붓는다고 해서 그것이 들어가지는 않잖아요? 안에 들어 있는 물을 빼내어야, 새로 떠 온 물을 넣을 수 있겠죠.)

내가 하루에 쓸 수 있는 시간뿐만 아니라 활동력, 집중력도 한계가 있습니다. 이것을 어떻게 활용할 것인가는 매우 중요합니다. 여전히 PC방에서 게임을 하고, TV로 드라마와 예능을 챙겨 보면서 운동이나 공부, 독서까지는 잡을 수 없다는 겁니다.

그렇기에 PC방에서 게임하기, TV로 예능 보는 것을 단번에 끊는 것을 추천드립니다. 끊자마자 바로 취미로 만들고 싶었던 생산적인 일들로 대체하게 되면 오래 못 갑니다. 대체된 활동들이 생산적이기는 하지만, 재미는 없거든요.

끊고 나서는 그냥 가만히 그 시간을 지루하게 보내시면 됩니다. 휴대폰도 보지 마시고요. 그냥 가만히 계시면 됩니다. 책 초반부에서 말씀드렸는데, 인간은 정체된 것, 변하지 않는 것을 본능적으로 거부합니다. 여기서 본능을 이용하는 겁니다.

가만히 있는 상태가 지속되고 이에 대한 거부감이 충분히 커졌을 때쯤, 책상에 앉아 공부를 해 봅니다. 체육관에 나가서 운동을 하기 시작합니다. 책을 집어 한 문장씩 읽어 내려갑니다. 놀랍게도 시간이 빨리 갑니다. 더욱이 재미가 있습니다.

행복이란 어떤 단면적인 감정이 아닙니다. 아주 다양한 원인에서부터 느껴질 수 있는 감정입니다. 그에 따라 종류도 아주 다양하다고 볼 수 있겠습니다.

행복의 역사에 대해 연구하는 철학자인 제니퍼 헥트는 자신의 책 '행복신화(The Happiness Myth)'에서 우리는 모두 다양한 종류의 행복을 생각하지만, 이들을 동시에 경험할 수 없다는 사실이 문제라고 말합니다. 어떤 행복은 다른 행복과 충돌합니다. 이는 한 가지 행복을 너무 많이 누리면 다른 행복을 누릴 수 없다는 뜻입니다. 따라서 모든 행복을 최대한 많이 누리는 것은 불가능한 일입니다.

기회비용 개념을 떠올리면 쉽습니다. 예를 들어, 게임을 하면서 오는 누군가를 이겼을 때 느껴지는 행복감이 있다고 하고, 공부를 하면서 오는 스스로를 발전시켰을 때 오는 행복감이 있다고 합시다.

이 둘은 양립하기 어렵습니다. 게임을 하면 공부를 못 합니다. 공부를 하면 게임을 못 합니다. 이로써 무엇을 택하든 어느 정도의 불행은 감수해야 합니다.

저는 이렇게 생각합니다. 내가 게임을 하더라도 성적이 떨어져 어느 정도 불행을 느끼게 되는 것이고, 내가 공부를 하더라도 게임을 못 해 어느 정도 불행을 느끼게 되는 것이면, 나는 후자를 택하겠다고요.

"버리고 비우는 일은 결코 소극적인 삶이 아니라 지혜로운 삶의 선택이다. 버리고 비우지 않고는 새것이 들어설 수 없다."
- 법정 스님

"사람은 뭔가의 희생 없이는 아무것도 얻을 수 없다. 뭔가를 얻기 원한다면 그와 동등한 대가가 필요하다."
- <강철의 연금술사>

9.
모르겠으면 일단 최선을 다하기

친구들과 대화하다 보면 이런 이야기를 종종 듣습니다. "니는 좋겠다. 좋아하는 일 찾아가지고 그래 열심히 하고, 부럽다." 이런 이야기를 들을 때 조금 답답합니다. 사람들은 어떤 자기만의 가치나 재능 등이 자기 안에 들어 있다고 생각합니다. 내재되어 있다고 생각합니다. 그렇지 않습니다.

내 안에 숨어 있는 발견하지 못한 가치를 찾으려고 하지 마세요. 없습니다. 가치는 찾는 것이 아니라 만드는 겁니다. 좋아하는 일을 찾았기 때문에 그것을 열심히 한 것이 아닙니다. 열심히 해 보니, 직접 겪어 보니, 그 일이 내가 좋아하는 일인 것을 알게 된 것입니다. 처음부터 좋았고 그래서 열심히 한 것이 아니란 말입니다.

"욱이, 내는 내가 뭘 좋아하는지 모르겠다."

한 친구한테 들었던 말입니다.

"그럼, 니가 뭘 싫어하는지 먼저 찾으면 되겠네. 그리고 그 싫어하는 일 하나씩 때려치라. 그러면 남은 일들 중에 니가 좋아하는 일이 있겠지."

내가 무슨 일을 좋아하는지 도무지 모르겠을 때, 그냥 주어진 일에 최선을 다해 보세요. 제게 초등학생 때 주어진 일은 태권도였습니다. 몇 년 동안 최선을 다했습니다. 그렇게 노력을 해 보니 알겠더라고요. 이건 내가 좋아하는 일이 아니다. 며칠, 몇 주, 몇 달 해 보다가 '아, 이건 내가 좋아하는 일이 아니네.'라고 말할 수는 없습니다. 그 짧은 기간 가지고는 아무리 노력하더라도 그 일이 무슨 일인지 제대로 파악하지 못합니다. 공을 들여야 합니다. 공을 들여야 이 일을 알게 되고 그 뒤에야 내가 이를 좋아하는지 싫어하는지를 알 수 있습니다.

싫어하는 일을 하나하나씩 찾고, 소거해 나가면 됩니다. 그렇게 되면, 내가 좋아하는 일에 점점 더 가까워집니다.

"난 내가 내 꿈의 근처라도 가 보고는 죽어야지 싶더라고"

- 빈지노 \<Always awake\> 中

10.
생활에 생각을 길들이지 말고, 생각에 생활을 길들이기

저는 하루에 두 번 운동을 합니다.

"운동을 어떻게 하면 당신처럼 될 수 있습니까?" 헬스장에서 한 중년 남성분께서 저에게 질문했습니다.

"하루 두 번 운동하고, 식단관리를 철저히 합니다."

"몇 년 되셨나요?"

"한 7~8년 됐습니다. 하루 두 번 운동은 3년 정도 된 듯합니다."

"저는 그렇게는 못 하겠네요. 하하. 부럽습니다."

> "당신은 당신이 생각하는 대로 살아야 한다. 그렇지 않으면 당신은 머지않아 사는 대로 생각하게 된다."
>
> - 폴 발레리

이러한 명언이 있습니다. 생각하는 대로 사는 습관을 길러야 합니다. 머리로는 더 열심히, 더 잘, 더 발전적으로 실천하려고 합니다. 머리로 떠올린 것을 직접 실천에 옮기며 살아야 합니다. 그렇게 해야만 우리는 진정으로 자유로워질 수 있습니다.

반대로 내가 지금 사는 상황에 익숙해지고, 정체되어 버린다면, 변화를 생각할 수 없고, 발전을 생각할 수 없습니다. 왜 저 때의 중년 남성분께서는 그렇게 못 하겠다고 말씀하셨을까요? 그렇게 살고 있으니까요. 그렇게 살고 있기 때문에 그 사는 것에 맞추어 생각하신 겁니다. 안 된다고요.

우리는 그렇게 되지 않았으면 좋겠습니다. 사는 것에 맞추어 생각할 것이 아니라, 내 생각에 내 삶을 맞추는 겁니다. 당연히 후자가 피 터지게 힘들겠지요. 내 생각은 높고 고귀하고 어려운데, 내 생활은 그에 비해 낮고 편안하니까요. 아래에 있는 것을 끌어올리는 것이 보통 일입니까. 또 스스로를 사랑하는 사람의 욕심이 어디 보통인가요? 그 욕심에 내 삶을 맞추려면 얼마나 더 끌어올려야 하고, 분주하게 살아야겠습니까.

"할 수 있다고 믿는 사람은 그렇게 되고, 할 수 없다고 믿는 사람 역시 그렇게 된다."

- 샤를 드골

쉬어 가는 페이지
- 남동생

저는 남동생이 하나 있습니다. 4살 터울이고, 어린 시절 저와는 다르게 굉장히 귀여운 외모를 가지고 있었습니다(지금은 아닙니다).

하루는 가족끼리 식사를 하러 갔는데, 옆 테이블에서 약주를 하시던 아저씨 한 분이 제 동생을 보고 너무 귀엽다며 용돈을 주셨습니다. 그 정도로 사랑스러운 아이였습니다. 심성도 고왔습니다(심성은 지금도 곱습니다). 그 당시가 제가 초등학교 5~6학년쯤이었고 제 동생은 1~2학년이었지요. 같은 방에서 자고 일어나고 했던 기억이 선합니다.

요즘은 얼굴 보기가 힘듭니다. 얼굴을 보게 되면 제가 자주 하는 말이 있습니다.

"내 귀엽던 동생은 어디로 갔어. 내 동생 돌려줘."

"…?"

"빨리 돌려 달라고, 내 동생은 이렇지 않다고. 귀여운 아이란 말이다."

"왜 그래 나한테…."

제 동생도 저와 비슷하게 자신이 하고자 하는 일에 헌신하고 노력하는 타입입니다. 다른 점은 그 종목이 자주 바뀐다는 것이죠. 어느 때는 의사가 되겠다고 열심히 하고, 어느 때는 선생님이 되겠다고 열심히 하고, 또 다른 때는 과학자가, 건축가가 되겠다고 열심히 합니다.

일관성이 없는 것이 제 동생의 장점입니다. 일관성이 없다는 것은 타인의 시선에 속박되지 않음을 의미하기도 합니다. '사람이 일관성이 있어야지. 줏대가 있어야지.' 이런 말은 절대 들어서는 안 됩니다. 듣게 된다면, 내가 진정 하고 싶은 것이 바뀌었는데도, 그 '일관성'이라는 것을 지키기 위해 내 욕망을 포기하게 됩니다. 사람의 욕망이란 것은 시시각각 변합니다. 변해도 괜찮습니다. 다만, 그 방향이 발전을 향해 있는가가 중요합니다.

어느 한 번은 제게 말하더라고요.

"형아. 유튜브 내용 좋던데?"

"그래, 당연하지. 니 그래 사나?"

"당연하지."

제 동생은 부산대학교 건축학과에 재학 중입니다. 그런데도 미술에 관심이 많습니다. 가끔 제가 집에 들어가면 방이 난장판 입니다. 짜증이 확 났다가도, 동생이 집중하고 있는 캔버스를 보면 '와.' 소리가 나옵니다. 속으로는 이렇게 생각하지요. '더 어질러도 되겠구만. 깔끔하게 작업하네.' 집중하는 눈빛을 보면 알 수 있습니다. 사랑스럽습니다. 예전 어릴 적 그 귀엽던 아이보다 지금의 몰입하는 모습이 더 그렇습니다.

동생한테 이 정도 표현했으면 많이 무리했습니다.

다른 말로 마무리하고 싶지만 낯 뜨거워 못 하겠고, 제 동생이 무엇이든 열심히 했으면 합니다.

"변화하는 세상에서 경직된 일관성은 어리석은 일관성이다."

- 랄프 왈도 에머슨

"방황과 변화를 사랑한다는 것은 살아 있다는 증거이다."

- 바그너

11.
끈기를 유지하기 위한
부정적인 마인드

제가 말하는 부정적인 마인드는 '나는 안 된다. 나는 할 수 없다. 이것이 내 한계다.'가 아닙니다. '이 일은 생각보다 쉽지 않다. 금방 결과가 나타나지 않는다. 이 정도 고난, 고통보다 더 큰 것을 감수해야 한다.'라는 마인드입니다.

물론 어떤 일이든 긍정적인 마인드를 가지고 시작하면은 좋습니다.

'할 수 있다. 내가 이참에 해 보겠다. 될 때까지 한다.'

뭐 좋습니다. 그렇지만 이런 식의 생각만으로는 금방 '왜 나는 했는데도 안 되지? 저 사람은 저렇게 잘하는데 왜 성적이 오르지 않지? 왜 이렇게 근육이 안 크지?' 이런 식의 생각으로 빠지기 쉽습니다.

이 이유는 쉽게 봤기 때문입니다. 긍정적인 마인드가 지나치면 쉽게 봅니다. 사실 운동으로 몸을 만들어 본 사람이나 공부로 성적을 내 본 사람들은 이게 생각보다는 쉬운 일은 아니라는 것을 자주 느껴 보셨을 것입니다. 일부러 '좀 어렵겠구나, 쉽지 않겠구나, 단기간에 이룰 수는 없는 일이겠구나.'라고 생각하고 실천하고 노력하더라도 그것마저도 쉽게 생각했던 것일 정도로요.

그러니,

'나는 할 수 있다.'

'다만 이 일은 생각보다 쉽지 않고, 지금 내가 겪는 어려움, 고통보다는 더 큰 것을 감수해야 한다.'

라는 긍정성과 부정성의 조화가 내가 하는 노력을 지속하는 방법 중 하나라고 생각하는 것이 좋지 싶습니다.

12.
비교는 정말로 시간낭비

제가 본과 4학년 시절 다시 한 번 뼈저리게 느꼈던 감정입니다. 원래 비교하는 행위를 가치 있게 보지는 않았습니다. 그런다고 해서 제 스스로가 나아지는 점이 없기 때문이죠.

예를 들어, '내가 저 친구보다 이번 시험 점수가 높아. 또는 낮아.' 할 때 내가 저 친구보다 시험 점수가 높든 낮든 간에 내 점수는 바뀌지 않습니다. 그냥 그대로 있는 것입니다.

본과 4학년 1학기 때 보디빌딩 시합에 출전했다가 느꼈었습니다. 제가 오른쪽 선수보다는 몸이 좋았고 왼쪽 선수보다는 몸이 좋지 않았습니다. 그래도 제 몸은 그대로입니다. 그동안 준비해 온 것들이 반영되는 것이거든요.

제 옆 사람들의 노력이나 노고에 의해 제가 해 왔던 가치들이 낮아지고 높아지지는 않습니다. 저 사람보다 좋다고 해서 내 몸이 더 좋아지는 것도 아니고, 이 사람보다 몸이 좋지 않다고 해서 몸이 더 안 좋아지는 것도 아닙니다.

'나'는 '나'로서만 존재합니다. 비교 자체는 아무 것도, 정말로 아무 것도 개선해 주지 못합니다. 그러기에 신경을 쓸 필요가 없습니다. 보통 비교를 하는 경우에 좌절을 많이 하게 됩니다. 나보다 공부를 훨씬 잘하는 사람과의 비교, 나보다 몸이 훨씬 더 좋은 사람과의 비교 같은 것들이요. 저 사람은 저렇게 찬란하고 대단한데, 나는 초라하기 짝이 없다. 이런 식의 결론이 나지요.

그렇지만 이런 식의 비교는 잘못되었습니다. 일반적으로 남과 할 수 있는 비교에서는 과정까지 비교할 수 없습니다. 비교 대상인 남이 어떻게 노력했고, 어떤 고난이 있었는지까지는 알 수가 없죠. 결과로만 비교하는 겁니다. 상대방의 하이라이트만 보는 겁니다. 나는 나의 과정을 알고 있고, 상대방의 과정은 모릅니다. 상대방을 볼 때는 빛나고 찬란한 결과만을 보고요. 나를 볼 때는 초라하고 고통스러웠던 것들만을 봅니다. 그 둘은 비교를 할 필요도 없고 해서도 안 됩니다. 나 혼자서 묵묵히 걸어 나가면 됩니다.

비교가 필요한 경우는 자신과 비교하면 됩니다. '그 전 시합보다 내가 더 나아졌는가? 준비 과정에서 문제는 없었는가? 저번에는 마무리를 잘하지 못했었다. 그 당시 다음번에는 더 신경 써야겠다고 다짐했던 것을 지켰는가?' 이런 식으로요. 이러한 반성에 긍정적인 대답을 할 수 있다면 그것으로 충분하고 훌륭합니다.

문학평론가의 르네 지라르의 모방이론을 알아 둘 필요가 있습니다. 우리는 타인의 욕망을 보고 그 욕망을 모방하면서 그 모방하는 욕망을 나의 진정한 욕망이라고 오인한다는 이야기입니다. 타인과의 비교는 나의 진정한 욕망과 멀어지는 법입니다. 나 자신을 잃게 됩니다.

"무소의 뿔처럼 혼자서 가라."

- 숫타니파타

"타인보다 우수하다고 해서 고귀한 것은 아니다. 과거의 자신보다 우수한 것이야 말로 진정으로 고귀한 것이다."

- 영화 <킹스맨 : 시크릿 에이전트>, 2015

13.
원래부터 갖고 있었던
꿈 같은 것은 절대 없다

    제가 한의사가 될 줄 누가 알았겠습니까. 정말 단언컨대, 재수 시절까지 단 한 번도 한의사가 되리라고는 꿈도 꾸지 못했습니다.

    그렇다고 해서, 미리 어릴 적부터 꿈꿔 오던 일이 아니라고 해서 이것이 나의 목표나 꿈이 될 수 없으리란 법이 있습니까? 내가 좋아하는 일이 아니라는 법이 있습니까? 절대로 없지요. 무슨 일이든, 어떤 일이든 간에 내가 좋아하는지 그렇지 않은지를 판단할 수 있는 방법은 직접 해 보는 것입니다. 직업적인 문제가 아닙니다.

    예를 들어 봅시다. 침대에 누워서 생각을 했습니다. '나는 토론하는 것을 좋아해. 아, 나는 변호사가 되면 좋겠다. 억울한 사람 변호도 해 주면 기분이 좋겠지?' '나는 자연의 아름다움을 좋아해. 사하라 사막 사진을 봤는데 너무 예쁘더라. 그곳에 가면 행복하겠지?' 정말 변호사가 되면 행복할까요? 정말 사하라 사막으로 가면 행복할까요?

    그렇지 않을 것입니다. 머릿속으로 그리는 꿈과 미래는 현실과는 다릅니다. 아마 실제로 억울한 사람을 변호하기 위해 변호사가 된 사람은 본인의 이익을 변호하고 있게 되는 경우가 태반일 것이고, 사진으로만 보던 사하라 사막의 아름다움을 직접 두 눈으로 보기 위해 떠난 사람은 모래바람에 눈조차 뜨지 못할 것입니다. 이처럼 상상만으로는 모릅니다. 어떤 변수가 있는지, 시련이 있는지 말입니다.

"인생은 사람들 앞에서 바이올린을 켜면서 바이올린을 배우는 것과 같다."

- 사무엘 버틀러

"인생의 방향이 바뀌는 결정적인 교차로가 반드시 요란한 사건이나 드라마틱한 순간이라고 생각하는 것은 어리석다. 실제로 운명이 결정되는 드라마틱한 순간은 믿을 수 없을 만큼 사소할 수 있다."

- 파스칼 메르시어, 《리스본행 야간열차》

14.
신념은 변화하고 성장한다

"언제나 성실할 것이라는 약속은 할 수 있지만 항상 같은 신념으로 일관하며 살 것이라는 약속은 하기 어렵다. 신념이란 새로운 경험이나 만남에 의해 변하고 성장하기 때문이다. 따라서 그때그때 자신의 신념을 성실히 따른다면 그것으로 충분하다."

- 괴테

참 좋아하는 문구입니다. 저 또한 시간이 지나면서 실패를 거듭하고, 아니 어찌 보면 실패만 거듭하고 성장해 왔습니다.

사소한 실패들까지 나열하자면 끝이 없겠죠. 수학문제를 풀다가 틀린 것도 실패이고, 10kg 덤벨을 들려고 시도하다가 들지 못한 것도 실패이겠고요. 새벽에 일어나서 공부를 해야겠다고 마음을 먹었지만 늦잠을 잔 경우도 그렇겠네요. 다이어트 식단을 지켜야지 하다가도 과자를 먹었던 것도 그렇겠고요.

이러한 실패들이 모이고 모여서 조금 더 나은 내가 되지 않았나 하는 생각이 듭니다. 실패를 할 때마다 저의 신념은 더욱 발전하고 있었고요. 실패들에 무너지지만 않는다면 그것들은 제 편이니까요. 찬란한 실패입니다.

15.
비겁함을 거부하기

저는 삶에 있어 비겁함을 이렇게 생각합니다. '내가 노력한 만큼보다 더 얻으려고 하는 마음가짐.' 요행을 바라는 마음가짐은 비겁합니다. 몸을 만들기 위해 스테로이드를 사용하고 다른 사람의 노력의 가치를 비교적 떨어뜨리는 행위 역시 비겁합니다.

정당하다면 자신이 노력한 만큼의 대가가 주어지겠지요. 그렇지만 오히려 현실에서는 노력한 것보다 적은 대가가 주어지는 것이 대부분입니다.

이를 전적으로 수긍할 줄 알아야 합니다. 세상이 불공평하다고 해서 아무 일도 안 하는 것은 바보 같은 일입니다. 불공평함을 주장하는 것은 망설이기 위한, 도전을 하지 않기 위한 멍청한 방어막입니다. 실패가 두려워 핑계, 실패의 이유를 찾는 것이죠. 실패의 이유가 본인의 나태함임이 밝혀질까 봐 겁을 내는 것이죠.

그런데 내가 나태하고 무능해서 실패하면 어떻습니까? 내 실패에는 아무도 관심이 없습니다. 나 혼자만 크게 바라보고 주변 사람들이 놀릴 것이라고 비웃을 것이라고 확대해석할 뿐입니다. 정작 놀림받아야 하고 비웃음당해야 할 것은 실패가 두려워 비겁한 방법을 찾으려 하는 내 마음가짐입니다.

"실패를 두려워하지 말라. 도전하라."

- 저커버그

16.
나만 생각하기

무언가를 하기로 마음을 먹었을 때, 방해가 되는 사람들이 있습니다. 다이어트를 하기로 했는데, 오늘 이성친구와 헤어졌다고 삼겹살에 소주 한 잔 같이 하자는 친구, 여러 명이 함께 하는 큰 술자리, 운동 갈 시간에 나를 붙잡고 심각한 고민이 있다고 말하는 친구 등 여러 사례가 있을 수 있겠죠. 친하든 말든 간에 거절해야 합니다.

"미안하다. 오늘은 힘들 것 같다. 너무나도 중요한 약속이 있다."

라고 말하면 됩니다. 그 약속은 나와의 약속입니다. 왜 다른 사람들의 힘든 이야기를 들어 주려고, 또는 단체 활동에 분위기를 깨지 않기 위해 내가 목표로 하는 일을 실패하게 둡니까. 왜 나 스스로 지키기로 한 약속을 하찮게 봅니까. 이 약속만큼 중요한 약속은 세상에 없습니다. 욕 좀 먹어도 괜찮습니다.

"정 없는 놈. 이기적인 놈. 나는 너 힘들 때 안 그랬는데."

이런 것이 무서워 하나하나 다 받아 주면서 남들한테 욕 안 먹으려다가 내 인생이 욕보이게 됩니다.

친구의 부탁에 거절하지 못하고 승낙했다고 합시다. 삼겹살에 소주 한 잔을 하겠지요. 이 선택에 대해 책임져야 할 것은 무엇인가요? 내가 세운 목표입니다. 친구의 부탁을 거절했다고 합시다. 욕을 좀 먹겠지요. 이 선택에 대해 책임은 어떻게 집니까? 욕을 먹음으로써 이미 책임진 것입니다. 친구한테, 주변 사람한테 욕먹는 것이 두려워 내가 세운 목표에서 멀어지는 행위는 하지 마세요.

모두에게 사랑받으면서 내 목표나 꿈을 이루는 방법은 단언컨대 없습니다. 4대 성인이라 하는 그리스도나 석가모니 등 이분들도 미움 많이 받아요. 양으로만 따지면 일반인들보다 훨씬 더 많이 미움받을 것입니다. 많은 기독교 신자들이 석가모니를 미워할 테고, 많은 불교 신자들 역시 그리스도를 미워할 테니까요.

모든 사람한테 사랑받으려고 하지 마세요. 예수, 부처도 못 한 것을 우리가 어떻게 합니까. 오히려 남들한테 '서운하다.'라는 말을 많이 들을수록 '아, 내가 나에게 더 집중하고 있구나.' 생각하시면 됩니다. 그렇게 자기 발전을 충분히 이룬 뒤에 주변 사람들을 도우고 위해도 충분합니다.

"뭔가 하고 싶다면 일단 너만 생각해. 모두를 만족시키는 선택은 없어. 그 선택에 책임을 지라고."

- 드라마 <미생>

17.
최악을 사랑하기

저는 월요일을 가장 좋아합니다. 월요일을 제일 좋아하게 되면 일주일이 행복합니다. 가장 힘든 날을 사랑할 줄 알게 되면 세상에 사랑스럽지 않은 날이 없습니다. 가장 힘든 것이 좋은 이유는 그만큼 발전할 여지가 많다는 뜻이기 때문입니다. 제가 모자란 점, 부족한 점, 못하는 것들은 멀리해야 할 것들이 아닙니다. 오히려 가장 가까이 두며 챙겨 줘야 합니다. 있는 그대로 사랑하라는 것이 아닙니다. 사랑하기에 발전시키고 변화시키라는 뜻입니다.

모든 단점은 파악하는 순간 발전의 원동력이 됩니다. 저는 국어를 너무 싫어했습니다. 해도 성적이 오르는지 잘 모르겠더라고요. 국어를 못해서 싫어하는 것인지, 싫어해서 못하는 것인지는 몰라도 확실히 못하고 싫어했습니다. 힘들었습니다. 나머지 과목들은 물이 거의 다 차 있어서 조금씩만 관리해 주면 되는데, 이 국어라는 과목은 물이 반밖에 차 있지 않았습니다. 채울 것이 많았습니다. 이러한 고통, 고난을 즐기는 것입니다. 그것을 감수할 때 내가 높아집니다. 고통을 찾은 것만으로도 감사해야 할 일입니다. 고통스러운 일이 오면 이렇게 한번 생각해 보세요.

'아, 찾았다. 진짜 하기 싫은 것을 보니 이것은 나를 발전시켜 줄 계기

구나.'

　진짜 싫을수록 그것은 제 약점일 가능성이 높습니다. 운동으로 쳐도 그러합니다. 저는 하체운동과 복근운동을 진짜 싫어했습니다. 제 약점이었지요. 지금은 가장 기다립니다. 하체운동이 제일 좋습니다. 고통스러운 만큼, 하기 싫은 만큼 이것이 나에게 필요한 것이라는 생각에 확신이 들기 때문입니다.

　진짜 싫어하는 것들을 사랑해야 하는 이유는 간단합니다. 그 증오가 진심일수록 그것들은 나를 고양시키기 때문입니다. 증오에 확신을 가지고 이것이 나의 발전에 대한 확신으로 이어진다면, 증오를 사랑하는 일은 쉬운 일입니다.

　이렇게 생각을 갖고, 정말로 고통이 무엇인가, 나를 힘들게 하는 것들이 무엇인가 살펴보면 잘 보이지 않습니다. 내가 망치를 들고 단점을 찾아 부수려 하면 단점들이 숨어 버립니다. 그중 가장 덩치가 큰 단점만 보이겠지요. 큰 것부터 하나씩 부수면 됩니다. 반면, 고통을 피하려 하고, 나를 힘들게 하는 것들로부터 도망치려 한다면, 단점들이 제게 달려듭니다. 물어뜯으려 합니다. 소모적인 괴로움에 시달리게 되는 것이죠.

　태도의 문제입니다.

　'나의 고통들아, 한번 놀아 보자.'

　하는 마음으로 살아갑시다.

"몇 번이라도 좋다. 이 끔찍한 삶을 다시."

- 프리드리히 니체

18.
'나 없더라도 괜찮겠지'라는
마음 버리기

한 스님의 말씀입니다.

"내가 없어도 세상은 잘만 돌아갑니다. 놓으세요. 나 없으면 안 될 거라는 그 마음."

반은 맞고 반은 틀렸습니다. 내가 없어도 나를 제외한 세상은 잘 돌아갈 것입니다. 그렇지만 제 세상은 멈춥니다. 나의 세상은 나와 분리되어 존재하는 것이 아닙니다. 70억의 사람이 있으면 70억의 제각기 다른 세상이 있는 겁니다.

이해를 돕기 위해, 모기를 예로 들겠습니다. 모기의 눈은 거의 역할을 하지 않습니다. 대부분의 자극은 더듬이가 받아들입니다. 화학물질의 자극에 반응하여 그것이 나오는 곳으로 모입니다. 이처럼 한 생물이 화학물질이 자극이 되어 그쪽으로 모이는 현상을 양성 주화성(陽性 走化性)이라고 합니다. 모기의 세상은 이것이 중요합니다.

젖산이나 이산화탄소 등의 물질에 반응하여 그곳으로 날아가고, 흡혈을 합니다. 정리하자면 그렇습니다. 화학물질-반응-흡혈이 모기의 생활입니다. 화학물질을 내뿜는 대상이 개이든, 고양이든, 사람이든 그런 것은 중요하지 않습니다. 화학물질만을 보는 것입니다. 이것이 모기의 세계입니다.

사람의 눈으로 보자면, '모기가 나를 물었다. 나의 동생을 물었다.'입니다. 그렇지만 모기의 실상은 단지 젖산이나 이산화탄소 등에 반응한 것뿐입니다. 이처럼 모기가 살아가는 세상은 사람과는 많이 다릅니다.

모기와 사람이 다르듯, 사람과 사람끼리도 마찬가지입니다. '나라는 사람이 어디에 반응하고 어떻게 행동하며, 어떤 생각을 갖고 있는지, 더 저차원적으로 보아 시각, 청각, 미각, 후각, 촉각 등의 감각의 민감도는 어느 정도인지 등까지는 개체마다 다릅니다. 같은 세계가 없다는 겁니다.

쉽게 말해, 밤에 떠 있는 달을 본다고 합시다. 천문학을 전공하는 사람, 문학을 전공하는 사람이 있어요. 그 둘이 그 달에 어떻게 반응할까요? 그렇습니다. 내가 무엇에 어떻게 반응하는 지에 따라 나만의 세상, 세계가 만들어지는 겁니다. 우리는 그것의 창조자이기에 책임을 질 필요가 있어요.

내 세상에서는 나만이 살아갑니다. 그 세상은 '내'가 놓는 순간, 놓아지는 것입니다.

> "내가 너로 살아 봤냐 아니잖아
> 니가 나로 살아 봤냐 아니잖아
> 걔네가 너로 살아 봤냐 아니잖아
> 아니면 니가 걔네로 살아 봤냐 아니잖아"
>
> — 장기하와 얼굴들, <그건 니 생각이고> 中

19.
완벽에 집착하지 말고, 발전에 집착하기

완벽에 집착하는 유형의 사람들이 있습니다. 몸을 만들겠다고 마음을 먹었다면, 모든 것이 준비되어야만 시작하는 사람들입니다.

최고의 보충제와 운동 용품들 그리고 가장 효율적인 근육성장 방법에 대한 지식들이 없으면 아무 일도 하지 못하는 사람들입니다.

수학 공부를 하겠다고 마음을 먹었다면, 집합 단원을 완벽하게 마스터하기 전까지는 다음 단원으로 넘어가지 못하는 사람들입니다. 이처럼, 완벽에 집착을 하게 되면 실천하지 못합니다.

세상에 완벽한 준비란 없습니다. 실천을 통한 발전만이 있을 뿐입니다. 몸을 만들 때에도 누구에게는 좋은 보충제, 운동 용품이 나에게는 필요가 없을 수 있습니다. 또 누군가가 몸을 만든 방법이 나에게는 적용되지 않을 수 있습니다.

처음부터 무엇이 최선인지는 알 수 없습니다. 실천을 통해 하나씩 고쳐 나가고, 발전시켜 나가는 것입니다.

집합 단원을 완벽하게 마스터할 수는 없습니다. 그 단원을 공부한 뒤, 다음 날 보면 완벽하게 이해하진 못했음을 알 수 있지만, 그래도 다음 단원으로 나아가야 합니다. 한 번 봤던 집합 단원을 한 번 더 보는 것보다도 그 다음 단원을 새로 공부하면서 배울 점이 훨씬 많습니다. 모든 단원을 다 한 번씩 본 뒤에 다시 보는 것이 더 올바른 방법입니다.

저 또한 그렇습니다. 저는 완벽하게 해낸 일이 한 가지도 없습니다. 정말로 단 한 가지도 없습니다. 그렇지만 한 일은 많습니다. 공부도 했고, 운동도 했고, 유튜브도 했고, 책도 이렇게 쓰고 있습니다. 단언컨대, 완벽한 조건을 조성하는 일에 집착했더라면, 제가 해낸 일은 한 가지도 없었을 것입니다.

모든 것을 완벽히 갖추고, 준비한 다음에 가장 효율적인 방법으로 발전하려고 하지 마세요. 그러한 태도가 가장 비효율적입니다. 완벽하게 갖추고 준비하는 일은 불가능합니다.

냉정하게 말해 완벽함을 추구하며 준비하는 일은 발전이 아닙니다. 스트레스 받고 힘든 일이기는 합니다만, 그렇다고 해서 발전이라고 할 수 없습니다. 발전은 간단합니다. 실천입니다.

"Done is better than perfect."

― 셰릴 샌드버그

"아마추어는 문제를 복잡하게 만들고 프로는 문제를 단순화시킨다."

― 카를로스 곤

20.
사서 고생하기

어머니와 식사를 하면서 나눈 대화의 일부입니다.

"내랑 준오는 아르바이트 같은 것 많이 해봤지. 고생 많이 해 봤다이가."

"내도 많이 했다."

"니가 뭔 고생을 했노."

"뭘, 내 공부도 하지요. 운동도 하지요. 유튜브도 하지요. 하루하루 바쁘게 살잖아요."

"누가 시켰나? 왜 사서 고생을 하노."

"고생은 사서 하는 게 진짜입니다."

고생에는 사서 하는 고생과 시켜서 하는 고생 두 가지가 있다고 봅니다.

먼저 시켜서 하는 고생을 보자면, 이는 남의 발전을 위한 고생입니다. 물론 그 과정에서 본인이 얻고, 배우는 점도 많이 있겠지만, 목적 자체는 타인의 발전이고 이익입니다.

예를 들어, 제가 아르바이트를 한다고 합시다. 제게는 용돈 마련이 목적일 것이고 아르바이트는 수단이 될 것입니다. 이것으로만 끝을 낸다면, 괜찮습니다. 아르바이트라는 것 자체를 수단으로 보고, 용돈을 마련하여 더 큰 뜻을 이룰 수 있으니까요.

문제는 여기 있습니다. 사실상 아르바이트를 하는 나는 사장의 수단인 셈입니다. 더 돈을 편하고 효율적으로 벌기 위한 수단일 뿐입니다. 아르바이트생을 고용해서 사장이 얻는 이익이 없다면 그 아르바이트생은 해고당합니다.

물론 사장과 아르바이트생 사이에 인간적인 정도 있을 수 있고, 돈으로는 설명할 수 없는 그런 가치도 있을 수 있습니다. 그 가치를 부정하는 것은 아닙니다.

다만, 사실로만 따지자면, 나는 수단으로 아르바이트를 하지만, 어떤 측면에서 본다면 아르바이트가 수단이 아니라, 내가 수단이 되는 일이라는 것입니다.

사서 하는 고생은 다릅니다. 어떤 측면에서 봐도 내가 주인이 되는 일입니다. 제가 공부를 잘하고 싶어서 공부를 한다고 합시다. 또 몸이 좋아지고 싶어 운동을 한다고 합시다. 이것은 어떤 누구의 수단이 되는 일이 아닙니다. 내 스스로의 행위가 목적을 향한 것입니다. 또 수단 자체가 목적이 되는 일이기도 합니다. 이런 일을 사서 하는 고생이라고 합니다. 누가 시키지도 않았는데, 본인이 일을 만들어 고생을 하는 것 말입니다.

공부나 운동 그 외 다른 가치 있는 일들을 하더라도 누가 돈을 주지도 않고, 상을 주지도 않습니다. 그 고생은 그 자체로서 이미 나에게 금전적인 가치 이상이며, 대통령이 준 상장보다 더 명예로운 것입니다.

사서 하는 고생의 가치를 알았던 카네기는 말했습니다.

"아들에게 돈을 물려주는 것은 저주를 하는 것이나 다름없다."

- 앤드류 카네기

21.
수억짜리 추억을 만들기

낭만적인 제목이지만 내용은 그렇지 않습니다. 수억짜리 추억들이 있습니다. 금전적인 가치로 환산할 수 없는 것들이죠. 왜냐하면 이러한 추억들이 저를 만들었기 때문입니다. 나의 가치 역시 금전적으로 환산할 수 없듯이, 나를 만들어 준 추억 역시 환산할 수 없습니다.

저로 예를 들어 보면 그렇습니다. 어린 시절 태권도 도장에서 땀 흘리며 겨루기를 했던 기억, 중고등학교 시절 엉덩이에 땀띠가 나도록 앉아 공부했던 기억, 재수 시절 오래달리기를 하며 제발 이 순간만 끝나기를 바랬던 기억, 하루하루 바벨과 덤벨을 들고 내리며 이 악물었던 기억들이 제게는 가장 아름다운 추억입니다.

그 당시에 당시로서 할 수 있는 최선을 다하며 치열하게 살았던 그 기억이 가장 아름답습니다. 그 치열함이 지나고 나면 더 높은 곳에서 그 당시를 추억할 수 있기 때문입니다. 웅장하고 아름다운 장관은 땀 흘리며 높은 곳에 도달했을 때야 즐길 수 있습니다.

행복했던 과거의 추억을 떠올리면 현재가 슬픕니다. 현재의 내가 초라해 보이기 때문입니다.

치열했던 과거의 추억을 떠올리면 현재가 웃습니다. 현재의 내가 더 대단하기 때문입니다.

"나는 할 수 있다. 나는 해낸다.
나에게는 지력이 있다.
나에게는 오직 전진뿐이다.
이런 신념을 지니는 습관이 당신의 목표를 달성시킨다. 너의 길을 걸어가라.
사람들이 무어라 떠들든 내버려두어라."

— A. 단테

22.
나를 깎아내리는 자들을
무시하라

　우리를 비난하고 끌어내리려는 사람은 그런 시도를 하는 순간부터 이미 밑에 있는 사람인 겁니다. 너무 신경 쓰지 마세요. 밑에 있는 사람들은 위에 있는 사람들을 끌어내리려는 일에 몰두합니다. 그래서 끌어내리면 자신이 높아졌다 착각합니다. 비유하자면 우물 안의 개구리가 우물 밖의 개구리를 낚아서 끌어내리고 기뻐하는 꼴입니다. 자신의 처지는 여전히 우물 안에 있을 뿐입니다.

　그리고 확실한 것은 그러한 심보를 가진 사람이라면 그에게선 배울 것이 없습니다. 딱 한 가지 배울 것이라고는 저런 태도를 가져서는 안 되겠다는 점이 있겠습니다.

　여기서 역으로 생각해 볼 사안이 있습니다. 아주 솔직하게 스스로와 대면하는 겁니다. 나보다 더 훌륭하고 위에 있는 사람들을 단지 끌어내리고만 싶었던 마음이 내게 있었던 것은 아닐까? 그 사람들이 나보다 나은 점을 진지하게 받아들이는 것이 내가 높아지는 길이 아닐까? 하고 말입니다.

　우물 밖에서 모험을 하는 개구리는 우물 안의 개구리가 더 깊숙한 우물로 빠졌으면 하는 시기, 질투 가득한 마음에 어떤 모략을 펼칠까요? 아니면 자신 앞에 있는 역경들을 헤쳐 나가며 성장, 발전할까요?

우리보다 위에 있는, 나은 사람들이라면 우리를 짓누르면서 자신의 위치를 확보하려 하지는 않습니다. 위에 있는 사람 입장에서 치고 올라오는 사람을 짓누른다고 해서 자신이 높아지는 것은 아니니까요. 오히려 스스로가 더 높은 사람, 가치 있는 사람이 되기 위해 노력하겠죠. 더 성숙한 사람이라면 주변 사람들이 치고 올라오든 말든 신경 쓰지 않고 자신의 길을 묵묵히 걸어갈 거예요.

그러니 나를 비난하는 사람들의 의견은 무의미하고, 내가 비난하는 사람들의 가치는 더 생각해 보아야 할 의미가 있고, 스스로 더 높은 사람이 되기 위해 노력해야 합니다.

23.
실패의 이유와
성공의 이유는 같다

'자기합리화' 사전적 의미로는 자책감이나 죄책감에서 벗어나기 위하여 자신이 한 행위를 정당화하는 일. 또는 그런 심리적 경향입니다.

요약하자면, 자신의 가치관에 어긋나는 잘못된 행동을 하고 이 행동이 합리적인 선택이었다고 위안하는 것입니다.

저도 이처럼 이 단어 자체에 대해 좋지 않은 느낌을 갖고 있었습니다. 그럼에도 저는 종종 주변사람들로부터 자기합리화 잘 하네. 라는 이야기를 들었습니다. 저는 사실 이 자기합리화는 꼭 필요하다고 생각합니다. 예를 들어 보겠습니다.

'넌 키가 작은 게 아쉽다. 그것만 아니었어도….'

'난 내가 키가 작은 게 좋다. 그것이 주는 열등감으로 인해 내가 운동도 이렇게 열심히 하고, 책도 읽고, 공부도 하고, 더 나은 사람이 되려고 노력하게 되거든.'

'자기합리화 잘 하네.'

'어우야. 어제 운동하고 몸이 아파서 죽겠다. 난 못 하겠다.'

'아픈 만큼 몸이 바뀐다. 살던 대로 살기 싫어서 다르게 살려고 지금 운동하는 거 아냐? 당연히 귀찮고 아프겠지. 그건 잘 변화하고 있다는 증거다. 아프지도 않고, 힘들지도 않고, 그저 그러면 그거는 살던 대로 살고 있다는 증거다. 하나도 안 변하고 있는 거다.'

'자기합리화 잘 하네.'

지울 수 없는 트라우마와 단점, 나의 성장과 함께 수반되는 고난과 역경을 성공의 방향으로 자기합리화 시켜야 합니다.

실패의 방향으로 자기합리화를 시키라는 것이 아닙니다.

'나는 키가 작아서 어디 사람들 앞에 나서는 것이 두렵다. 일을 함에도 불리한 점이 많다. 육체가 약하다. 그래서 안 된다.'

'나는 키가 작아서 어디 사람들 앞에 더 나서야만 한다. 일을 함에도 더 적극적으로 임해야 한다. 육체를 더 단련해야 한다. 그래서 된다.'

'나는 머리가 나빠서 공부는 안 된다. 내가 하고 싶은 일이 있지만, 이 일은 공부를 잘해야 하기 때문에 이 일은 포기다.'

'나는 머리가 나빠서 공부가 힘들다. 내가 하고 싶은 일이 있는데, 이 일은 공부를 잘해야 하기 때문에 죽자 살자 공부한다.'

자기합리화를 통해 고난과 역경을 피하는 것이 아니라 더 해야 합니다.

실패의 이유는 성공의 이유와 같습니다.

자기합리화의 방향이 실패로 나아갈지 성공으로 나아갈지를 결정합니다. 여러분의 성공의 이유는 무엇인가요? 키가 작은 것인가요? 머리가 나쁜 것인가요? 어떤 것인가요?

"우리가 실패하는 이유는 사실 우리가 성공할 수 있는 이유기도 합니다."

24.
버티지 말고 극복하라

　끝나기만을 기다리며 버티는 것과 극복하기 위해 이를 악물고 용을 쓰는 것은 다릅니다.
　학창시절에 떠들어 교실 뒤에서 무릎을 꿇고 손을 들고 있었던 적이 있습니다. 무릎이 아프고 어깨가 아프기 시작합니다. 언제 내리라고 할지 기다립니다. 무력감을 느끼며 고통스러워하는 겁니다.
　반면, 훈련소 시절 오래달리기 기록 측정을 위해 한 발 한 발 내딛던 적이 있습니다. 종료지점에 도달해 갈수록 발은 더욱 무거워지고 팔까지 무거워집니다. 숨은 턱 끝을 넘어 코끝까지 머리끝까지 찬 느낌입니다. 그 순간입니다. 극복하기 위해 이를 악물고 용을 쓰는 순간입니다. 나의 생명력을 느끼며 고통을 이겨 내는 겁니다.

25.
간절히 원한다는 것은
실천하고 있다는 것

간절하게 원하면 이루어진다. 당신은 우주의 중심이다. 이 세상에서 가장 소중하고 중요한 존재다. 정말 간절하게 원하면 이루어진다.

어떤가요? 자주 들어 본 말이죠? 저도 한 때 빠져서 무언가 내가 얻고 싶은 것을 간절히 원했던 적이 있었지만, 얻지 못했습니다. 그러고는 다 새빨간 거짓말이다 생각했습니다.

제가 그 목표를 얻지 못한 이유는 실질적으로 간절히 원하진 않았기 때문입니다.

정말 간절히 원하는 법, 이 세상에서 가장 중요한 존재라고 느낄 수 있는 법은 무엇일까요. 사실 별 게 없습니다.

아침에 일찍 일어납니다. 주변 사람들보다 일찍 일어납니다. 그리고 내가 원하는 그것을 위해 노력합니다. 물론 잠이 아직 덜 깼습니다. 피곤도 하고 조금만 진짜 1분만 딱 더 눈을 감고 일어나고 싶습니다.

그거는 누구나 그래요. 저도 그렇습니다.

그런데 정말로 솔직하게 세상에서 가장 중요한 존재라면, 내가 말 그대로 간절하게 원하는 목표라면 아침에 좀 더 자고 싶은 욕구 정도는 이길 수 있어야죠.

중요한 존재니까 더 자도 되는 게 아니라, 중요한 존재니까 일어나야 하는 거죠. 삶을 포기한 노숙자는 더 자도 돼요. 삶에 의지가 넘치는 당신은 그러면 안 되죠.

간절하게 원한다고 큰소리 뻥뻥 치면서, 고작 아침잠 하나 못 이기는 것이 말이 되나요?

진짜 원한다면, 내가 그것을 위해 어떤 것까지 다 희생할 수 있는지 생각해 봐요. 내 희생의 정도가 결국 원함의 정도예요.

간절히 원하는 상태를 유지하기 위해서는 정신적으로 무언가를 갈구하는 상태만으로는 모자랍니다. 육체적으로도 무언가를 갈구하는 상태를 만들어야 합니다. 배가 부르고 몸에 기름기가 끼면 안 됩니다. 몸에 기름기가 가득한 사람들은 보통 기름진 음식으로 만족하지 않습니다. 자신보다 더 기름진 음식을 먹어야만 만족합니다.

봅시다. 체지방률이 극도로 낮은 보디빌더와 고도비만인 사람이 돼지 목살 구이를 갈구하는 정도, 원하는 정도는 어떻게 다를까요?

보디빌더에게 돼지 목살 구이는 평상시 먹을 수 없던 제한하던 꿈의 음식일지도 모릅니다.

매일 기름이 뚝뚝 떨어지는 햄버거 피자를 먹던 고도비만인 사람에게 돼지 목살 구이는 보기만 해도 식욕이 떨어지는 음식일지도 모릅니다.

그런 겁니다. 정말 간절히 원하려면 굶주려야 하는 거죠. 매일 편안하고 안정적이고 여유로운 환경 속에서 내 목표를 간절하게 원할 수는 없어요.

햇빛도 따사롭고 바람도 선선하고 편안한 해먹 위에서 칵테일 한 잔 마시면서 '캬~' 하면서 동시에 간절히 원할 순 없단 말이죠.

새벽에 일어나기 좀 추워도 일어나고, 여름에 더워서 움직이기 싫어도 좀 나가고, 쉬고 싶고, 그만하고 싶고, 하기 싫어도 이 악물고 이겨 내는 게 간절히 원하는 거죠.

억지로 참아라가 아니라 원하는 만큼 참으라는 겁니다.

쉬어 가는 페이지
- 아내

　저에게는 초등학생 시절 이성에 눈을 뜨고 처음으로 좋아했던 동창이 있습니다. 당시에 굉장히 예쁘고 매력이 있어 저뿐만 아니라 여러 친구들이 그녀를 남몰래 짝사랑하였죠. 정말이지 하루하루 온종일 그 친구 생각을 하며 지냈습니다. 칠판은 보지 않고, 그녀 얼굴만 바라봤습니다.
　그렇게 고백 한 번 제대로 못 해 보고 중학교, 고등학교, 대학교를 열심히 다녔습니다. 졸업 후 공중보건의사로 재직하며 진료를 보고 있었죠. 물론 그 동안에 다른 사람을 좋아한 적이 없다거나 짝사랑에 빠진 적이 없다거나 하는 것은 아닙니다. 있습니다. 무튼 진료를 보다가 연락이 닿아 만나서 소주 한잔 하기로 했다가 지금은 서로 사랑 중입니다.
　그녀는 장점이 많은데요. 사교성이 굉장히 좋습니다. 제가 일 년에 거쳐 쌓게 될 친분을 한 달이면 쌓습니다. 저뿐만이 아니라 많은 사람들에게 매력적입니다. 제가 인터넷으로 이 지역의 맛집이 어디일까를 검색하고 있을 때 그녀는 놀라운 친화력으로 이미 현지인들에게 세세한 정보를 듣고 있습니다. 인터넷상으로 가장 인기 있는 식당으로 가면 될까 하고 물어보면 '아니, 거기보다 여기 이 골목에 있는 식당이 더 맛있어.'라고 알려 줍니다. 정말, 인터넷에는 나오지 않지만, 더 맛있습니다.

감정을 중요시합니다. 그때그때의 감정에 충실하다는 것이 아닙니다. 감정 자체를 중요시 여긴다는 것입니다. 그 덕에 서로 분위기가 좋지 않을 때도 순식간에 뒤집을 수 있습니다. 나쁜 분위기의 지속은 서로에게 손해라는 것을 알고 있으니까 더 넓은 마음으로 배려할 수 있습니다. 위기를 기회로 만들 수 있는 사람입니다.

가장 큰 장점은 개구쟁이 소년 같다는 것입니다. 장난기가 가득합니다. 시도 때도 없이 장난을 칩니다. 덕분에 저는 많이 놀라기도 하고 가끔 삐질 때도 있습니다. 지금 몰고 있는 제 자동차가 꽤 큰 편입니다. 승합차라 저녁이면 뒷좌석이 멀어 잘 보이지 않습니다. 그럴 때 "헉! 저 뒤에 누가 쳐다보고 있다. 우짜노?" 하며 겁을 준 뒤, "웍!" 하고 놀래킵니다. 사실 저는 겁이 좀 많은 편이라 정말 심장 떨어질 것처럼 놀라고 부탁이니 제발 그러지 말라고 해도 소용이 없다는 걸 알고 있습니다. 이렇게 장난기가 가득합니다.

정말 심각한 상황이라 자꾸만 부정적으로 생각하게 될 때, 천진난만한 장난으로 그 상황에서 벗어나도록 도와줍니다. 그리하여 좀 더 긍정적인 마인드로 그 문제를 해결할 수 있게 합니다.

제가 쓴 또 다른 책 '차라투스트라는 왜 그렇게 말했나'의 도입부에서 던진 의문이 있습니다.

왜 놀이동산에서 놀이기구를 타는 사람들은 대부분 나이가 어린 아이들일까? 심지어 그들은 반복해서 놀이기구를 탄다. 반면, 나이가 들면서 부모가 되고, 노인이 되어 가면서 더더욱 스릴 있는 놀이기구를 피하게 될까?

노화가 진행이 되기 시작하는 나이는 평균적으로 25세 정도라고 한다. 가장 생명력이 넘치는 아이의 시기가 지나고 노화가 점점 진행될수록 자발적으로 시련을 감당하려는 태도가 사라진다.

생물학적 노화만이 그 이유는 아닐 것이다. 사회의 압력과 현실적인 제약들이 어느 샌가 가장 살아 있던 아이를 점점 약화시킨 것은 아닐까.

그렇다면 어떻게 위험하고 아찔한 시도를 자발적으로 반복하던 그 어린 아이의 생명력을 회복할 수 있을까.

'삶에 지쳤어요. 일상에 지쳤어요. 힐링이 필요해요.'

과연 그럴까? 삶에 시련과 고난이 너무 가득하여 우리는 지친 것일까? 정말 힐링이 필요한 것일까?

그렇지 않으면 삶의 의지가 너무 적어진 탓에 지쳐 있는 것일까. 그 고난과 시련을 이겨 낼 의지가 없어 무너져 버린 것은 아닐까.

가만히 있지 못하고 급하게 오르고 급하게 내려가는 그 역동적인 놀이기구를 자발적으로 타던, 넘치던 생명력을 주체하지 못하던 그때 그 시절의 나를 회복할 수는 없을까?

어쩌면 이 의문에 대한 답은 천진난만한 개구쟁이의 마음이 아닐까 생각을 해 봅니다.

"일과 놀이의 가장 큰 차이는 고통의 유무가 아니다. 강제적이냐 자율적이냐다.

삶을 강제적인 일처럼 살게 되면 어떤 것을 하더라도 행복할 수 없다. 놀이라고 분류되는 행위들도 일로써 억지로 해야만 한다면 불행하게 되는 이유다.

삶을 자율적인 놀이처럼 살게 되면 어떤 것을 하더라도 행복하다. 고된 노동을 동반하는 일을 하더라도 내가 나의 의지로 행한다면 행복하게 된다."

26.
답이 없는 게 아니라,
문제가 없는 것이고,
실천이 없는 것이다

내 인생은 답이 없다, 나는 답이 없다는 생각이 종종 들 수 있습니다. 왜 그럴까요? 왜 내 인생은 답이 없다는 생각이 들까요?

문제가 없기 때문입니다. 문제가 제대로 설정되어 있지 않기 때문. 뭔지 모릅니다. 문제가 있어야 답이 있습니다. 수학책 답지를 펼쳐 보세요. 답이 3번 2번 4번 적혀 있다 합시다. 근데 문제가 없어요, 그럼 그게 왜 답이에요. 아니지. 문제가 있으면! 그에 맞는 답이 있는 겁니다.

비유하자면, 로또에 당첨되고, 완벽한 배우자를 만나고, 좋은 차를 타고 다니고, 좋은 집에 살고, 명품 옷을 입는 것들은 길을 가다가 답만 적혀 있는 답지를 주운 뒤 거기 써져 있는 답을 얻은 겁니다. 어떤 책의 답지인지도 모르고 어떤 문제의 답인지는 더더욱 모릅니다. 답들이 그 의미를 못 찾는 겁니다.

우리의 문제는 무엇이 문제인지는 모르면서 알려고도 하지 않으면서 답만 내리려고 하는 것입니다. 답만 갖고 싶은 겁니다. 답은 수만 가지가 있는데 내 문제가 무엇인지 모르니 말입니다. 예를 들어 3번 문제에 답이 5번이란 걸 운 좋게 알았다고 합시다. 근데 지금 내가 직면한 문제가 몇 번 문제인지 모른다 이 말입니다. 그럼 그 답은 아무 쓸모가 없지요.

나는 완벽한 몸짱이 되고 싶어. 전국 1등을 하고 싶어. 이런 식으로 답만 원한다는 거죠. 문제는 완벽한 몸짱이 될 정도로 운동을 하지 않고 잘하지도 못하는 것이고, 전국 1등을 할 정도로 공부를 하지 않고 잘하지도 못하는 것이죠. 내가 능력이 없다는 걸 이야기하는 것이 아니라 제대로 된 문제 설정이 없다는 것을 이야기하는 겁니다.

노력해야 할 것은 내 문제가 무엇인지 찾는 겁니다. 단순한 현상적인 문제를 찾으라는 게 아닙니다. 예를 들어, 내가 롤렉스 시계가 갖고 싶은데 없다는 것이 문제다. 이런 식이 아니라는 거죠. 보세요. 그래서 내가 롤렉스 시계를 갖게 되었으면, 그게 정답이 맞느냐 이 말입니다. 그 롤렉스라는 시계를 가졌으면 내 정답을 찾은 겁니까? 설령 롤렉스 시계가 답이라 하더라도 그거는 현상적인 문제에 대한 정답인거죠.

우리가 진짜 고민해야 할 문제는 내 삶의 가치에 대한 것입니다. 그 외에 다른 문제는 부차적인 겁니다. 그래서 그 외의 저차원적 문제에 대한 답을 찾더라도, 얻더라도 예를 들어 롤렉스 시계를 가져도, 아주 예쁜 여자친구가 생겨도, 로또에 당첨이 되어도 내 삶의 가치, 나에 대한 확신은 안 생기는 거죠. 여전히 나는 답이 없다고 생각하기 마련이에요.

'내 인생의 가치'에 대해 생각해 보면 좋아요. 이 롤렉스 시계를 사면 내 인생의 가치가 높아지냐는 말입니다. 아무리 생각해도 그렇다. 롤렉스 시계를 갖게 되면 내 인생의 가치는 높아진다고 생각하시면 책을 덮으시고 빚을 내서라도 롤렉스 시계 사러 가세요.

롤렉스 시계를 사더라도 내 인생의 가치는 확보되지 않아요. 당연히 여전히 행복하지 않다. 삶이 잘 모르겠고 방황하는 느낌을 갖는 거죠. 우리의 문제는 돈이 없어서, 여자친구가 없어서, 얼굴이 못생겨서, 몸이 안 좋아서, 공부를 못해서, 롤을 못해서, 키가 작아서가 아닙니다.

시간은 앞으로 나아가는데 내 삶의 가치가 떨어지고 있어서인 경우가 대부분입니다.

문제를 나라는 한 인간의 성장과 발전으로 두고 한 발 한 발 나아가세요. 나의 답을 찾아가는 과정입니다.

27.
내 어깨 위에
더 큰 책임을 지라

부담은 원동력이고, 책임은 힘입니다.

스쿼트를 하려고 100kg을 지고 있을 때 100kg에 무너지지 않기 위해서는 그에 맞는 힘을 써야만 합니다. 10kg 아령을 들 때도 들어 올리기 위해서는 그만한 힘을 써야만 하는 거죠.

부담, '질 부' 자에 '멜 담' 자입니다. 짊어지고, 어깨에 메는 건데요. 이 부담은 부담하는 동시에 힘이 생깁니다. 그리고 부담하는 만큼 힘이 있는 겁니다. 짊어졌지만 힘이 없으면 무너집니다. 부담하지 못합니다.

한 복싱 영화를 보면 주인공은 하루하루 몸이 부서져라 일을 합니다. 그럼에도 주인공은 자식들을 책임지지 못하는 상황에 마주합니다. 난방을 할 수가 없고, 제대로 된 음식도 제공할 수 없게 됩니다. 그러자 주인공의 아내는 아이들을 친척집으로 보내 버립니다. 주인공은 화를 냅니다. 이렇게 내가 하는 일이 의미가 없어졌다고 화를 냅니다.

그에게 자식들은 그렇게 책임을 져야 할 대상이자, 힘이 나는 원천이었던 것입니다. 같은 의미입니다. 내가 아무것도 하고 있지 않을 때는 세상에 아무런 힘도 생기지 않습니다. 아무 일을 할 필요가 없기 때문에 아무런 힘이 들지 않습니다. 반면, 내가 어떠한 책임을 지고, 무거운 무게를 들

때, 세상에는 힘이 생깁니다. 무거운 책임을 질 때는 그에 맞는 힘이 생겨야만 그 일이 가능하기 때문입니다.

내가 100kg을 들고 있다면, 그 100kg은 나에게 그 무게만큼 부담이 됨과 동시에 버티고 이겨 내는 힘을 만드는 것입니다.

반대로 생각해 봅시다. 아무 것도 부담하지 않는 그 순간에는 아무 힘도 쓰지 않습니다. 빈 봉으로 스쿼트를 하면서 100kg으로 스쿼트를 할 때의 그 힘을 낼 수 있을까요? 아닙니다.

들고 있는 만큼 힘을 냅니다. 지금 여러분이 들고 있는 인생의 무게는 얼맙니까, 부담스럽고 무겁다는 생각이 들어 내려놓고만 싶습니까? 그와 동시에 나의 힘도 내려놓는 겁니다. 하나하나씩 내가 들 수 있는 무게만큼 책임을 더해 가는 삶을 살아갑시다.

28.
잘하는 방법 말고,
열심히 하는 방법

열심히 하는 방법은 무엇일까요?

무언가를 잘하는 방법에 대한 관심이 많습니다. 내가 모르는 특별한 요령, 비법이 있지 않을까? 아주 극소수만 알고 있는 그런 마법 같은 지름길 말입니다.

저렇게 공부 잘하는 애들은 따로 자기들끼리만 공유하는 비밀정보가 있겠지?

저렇게 몸이 좋은 애들은 따로 특별한 비법이 있겠지?

저렇게 돈이 많은 사람들은 돈을 획기적으로 버는 어둠의 루트가 있겠지?

'나도 알고 싶다.'라는 마음으로 끊임없이 외부에서 해결책을 찾으려 한다. 그러한 사람들의 욕구, 심리가 세상에는 너무도 잘 반영되어 있습니다.

유튜브, 서점의 책들만 보아도 더 잘하는 방법, 요령에 대한 정보는 넘치고 넘칩니다. 공부만 해도 필기 잘하는 법, 암기 잘하는 법, 영어 잘하는 법, 운동으로 치면 스쿼트 제대로 하는 법, 근성장 빨리 하는 법 등등 차고 넘치죠.

대부분 내용은 누구나 익히 알고 있고 뻔합니다. 사실 어떤 일을 잘하는 방법, 해결책은 외부에 있지 않고 내면에 있습니다.

잘하는 방법이 아니라 열심히 하는 방법이 필요합니다. 열심히 하는 방법은 외부에서 배울 수 있는 것이 아닙니다. 내면에서 내가 끌어내는 것입니다. 나 이외에는 누구도 나를 열심히 하게 할 수 없죠.

이 열심히 하는 방법도 외부에서 찾으려고 하는데, 그게 바로 노예근성입니다. 누가 운동 열심히 하라고 시키면 열심히 하고, 열심히 일하라고 시키면 열심히 하고, 그런 것 말입니다.

열심히 하는 방법은 이 일이 옳고 가치 있다는 것을 알고, 고통을 인내하며 묵묵히 앞으로 가는 것뿐입니다.

열심히 하고 싶은데 어떤 방법이 없을까요? 하는 질문은 자기 자신에 그 방법과 답이 있음에도 불구하고 나를 신뢰하지 못해서 생기는 것입니다.

내 손에 휴대폰을 쥐고 있으면서 '어 제 휴대폰 못 보셨나요? 어디에 있나요?'

내 손에 내 인생의 의미를 쥐고 있으면서 '어 제 인생 못 보셨나요? 어디에 의미가 있나요?'

하면서 세상을 돌아다니며 자신의 세월을 낭비하는 것과 같아요.

다른 누군가라면 내가 열심히 무언가를 할 수 있게 만드는 방법을 알고 있을 거야.

모릅니다. 본인밖에 모릅니다. 본인이 열심히 가치 있는 일을 묵묵히 수행할 수 있는 방법은 본인만이 압니다. 어디 그런 방법 있을까 눈독 들이지 말고 그냥 합시다.

"그냥 하는 것 그게 가장 훌륭한 방법이다."

29.
생각을 바꾸지 말고,
행동부터 바꾸자

우리는 생각을 바꾸기 위해 과도한 시간을 투자하고 있습니다. 달리 말해 시간을 낭비하고 있습니다.

아무리 멋진 생각을 하게 만들어 주는 인생 강의라고 할지라도, 내 인생을 바꾸지 않습니다. 이미 알고 계시지 않나요?

생각을 바꾸면, 행동이 바뀔 것이고, 행동이 바뀌면, 결국 인생이 바뀔 것이라는 기대 때문이죠. 어느 정도 일리가 있습니다. 아예 틀렸다는 이야기는 아닙니다.

그런데 그보다도, 행동을 바꾸면 생각이 바뀌는 경우가 많습니다.

예를 들어 보겠습니다. 이 영상을 보는 사람들 기준으로, 마라톤 풀코스를 완주할 수 있을 것 같다는 생각을 갖고 있는 분이 계십니까? 거의 없을 겁니다. 당연합니다. 이 생각을 완주할 수 있을 것 같다는 생각으로 바꿀 수 있습니까? 바꾸게 되면 마라톤을 뛸 수 있을까요? 생각을 바꿀 수도 없을뿐더러, 마라톤 완주를 할 수도 없을 겁니다.

그렇다면, 어떻게 마라톤 풀코스를 완주할 수 없을 것 같다는 생각을 할 수 있을 것 같다는 생각으로 바꿀 수 있을까요? 그리고 실제로 완주를 할 수 있을까요?

행동을 바꾸어야 합니다. 매일 1km 3km 5km 10km씩 달려야 합니다. 그렇게 행동을 바꾸면, 행동을 먼저 바꾸면, 생각이 바뀝니다.

'10km는 잘 달릴 수 있겠어.' '하프는 뛸 수 있을 것 같은데?' '30km까지는 해 볼 수 있을 것 같은데?' '풀코스도 가능할 것 같은데?' 하는 식으로 생각이 진화합니다.

행동이 바뀌어야 생각이 바뀝니다.

지금 당신이 갖고 있는 부정적인 생각은 생각으로 바뀌지 않습니다.

공부하고 달리고 운동하고 일하세요.

그렇게 생각이 바뀝니다.

내가 나를 꽤 괜찮은 사람으로 생각할 수 있게 되는 겁니다.

30.
지루함을 활용하라

인생을 바꾸는 데 있어 반드시 활용해야 할 감정은 지루함입니다.

SNS나 숏폼 게임 등에 중독되는 것 자체를 문제 삼는 경우는 흔하지만, 이것들이 지루할 틈을 없앤다는 점에서 더 큰 문제라는 사실은 잘 인식하지 못하죠.

지루함은 생물학적으로 스트레스 상황입니다. 실제로 지루함을 느끼는 순간, 코티솔 호르몬 수치를 측정해 보면 상당히 높습니다. 즉, 인류는 이 지루함을 해소하고자 하는 욕망도 그만큼 크다는 것을 알 수 있죠. 이러한 욕망을 비즈니스화한 것이 SNS이고 숏폼이고 게임입니다. 이 시장이 얼마나 큰지를 파악한다면, 역으로 지루함이라는 감정을 해소하고 싶은 열망이 얼마나 큰지도 알 수 있죠.

흥미에 대한 욕망이 아니라, 지루함을 해소하고자 하는 욕망을 활용한 거죠.

우리는 흥미로운 일에 관심이 있는 것이 아니라, 지루함을 해소하고 싶은 마음이 있는 겁니다. 조금밖에 지루하지 않다면, 아주 흥미로워야 할 것이고요. 많이 지루하다면, 조금만 흥미로워도 되는 겁니다.

이 문장을 기억하세요.

본론으로 돌아오겠습니다.

내부적인 감정적 변화나 외부적인 자극이 없으면 곧 지루함을 느끼게 됩니다. 이 지루함은 실제 스트레스 상황이며, 그 상황을 극복하고자 하는 행동을 취하게 만듭니다.

만약, 이러한 지루함을 정면으로 마주한다면 어떻게 될까요? 그리하여, 지루함으로 인한 스트레스가 극에 달한다면 어떨까요? 도무지 단조롭고 따분해서 버틸 수 없는 상황에 처해진다면 어떨 것 같습니까?

이때, 본인이 평소에 하기 싫어하는 공부를 해 보세요. 운동을 해 보시고, 독서를 업무를 해 보세요.

극도의 단조로움으로 인한 스트레스가 해소되는 쾌락을 느낄 수 있는 겁니다. 만약, 그래도 공부가 싫다면, 더 지루함을 견디세요.

SNS나 숏폼, 게임 등으로 손쉽게 해소하지 마세요. 지루함이 줄 수 있는 최고의 생산성을 그런 식으로 낭비하지 마세요. 인생이 너무 아깝습니다. 휴대폰 속에서 농사를 짓고, 퍼즐을 맞추고, 남이 춤추고, 강아지가 애교 부리는 장면을 보는 것과 나의 귀중한 지루함을 바꾸지 마세요.

당신의 지루함은 아껴 써야 하는 귀중한 감정입니다. 모으고 모으세요. 그리고 정말 진심으로 당신의 인생을 통해 이루고 싶은 일을 하세요.

31.
분노하지 마라

내 인생이 잘 풀리지 않는다고 분노하지 마세요. 현대사회에서는 화를 낼 필요가 없습니다. 대부분의 문제는 감정으로 해결되지 않습니다. 차분하게 이성적인 판단을 내리고 합리적인 행동을 선택함으로써 해결이 됩니다.

애초에 분노는 편도체의 활성화를 통해 이루어지는 감정인데요. 이것으로 기대되는 효과는 육체적인 효과입니다. 호흡 속도도 빨라지고, 혈류가 사지 근육으로 몰립니다. 싸울 준비, 전력질주로 도망칠 준비를 하는 거죠.

현대사회에서는 이런 식으로 해결할 수 있는 문제는 없습니다. 시험문제를 푸는데, 호흡이 빨라지고, 근육에 혈액이 가득 차면 어떤 문제를 해결하겠습니까. 면접을 보는데, 그러면 무슨 도움이 되겠습니까. 곤란한 사무적인 업무를 보는데, 그게 무슨 도움이 되겠습니까?

멧돼지를 만났을 때나 도움이 되는 것이 분노입니다. 제대로 싸워야 하니까요. 그때는 근육에 혈액이 공급이 잘 되어야 하고, 숨차게 몸을 써서 돼지를 때려눕혀야 하니까요.

그런데, 현대사회는 그렇지 않다는 말입니다.

그래서, 화낼 필요가 없습니다. 화가 나더라도, 그 화는 필요가 없다는 것을 인지해야 합니다. 그것만으로 충분히 삶이 나아집니다. 체력적 여분이 생깁니다. 이 여분을 잘 활용한다면, 반드시 더 나은 삶으로 나아갈 수 있습니다.

이왕이면 웃는 게 낫습니다.

32.
내가 못하는 일

내가 못하는 일, 힘든 일, 어려운 일, 고통스러운 일, 숨 차는 일, 울고 싶은 일들이 정말 위대한 점이 무엇인 줄 압니까? 왜 이것들이 인생의 스승이라고 여겨지는지 알고 있습니까?

더 나은 나를 요구하기 때문입니다. 못하는 일을 하려면 더 나은 내가 되어야 합니다. 저는 수영을 못했습니다. 물이 무서웠습니다. 코로 물이 들어가는 것도 눈에 물이 들어가는 것도 고통스러웠고, 발이 땅에 닿지 않으면 공포가 밀려왔습니다.

이러한 일은 더 나은 나를 요구합니다. 수영을 못하는 나에게 수영을 할 수 있는 사람이 되기를 요구합니다. 그래서 자꾸 물에 빠졌습니다. 수영을 배우지 않고는 도무지 버틸 수 없는 힘든 환경에 자꾸 노출을 시켰습니다. 수영장은 저를 가장 취약하게 만드는 공간이었습니다.

이러한 힘든 공간이 나의 잠재력을 끌어냅니다. 수영을 못하던 사람이 할 수 있게 됩니다.

그렇게 저는 수영을 할 수 있게 되었습니다. 여전히 어설프지만, 자유형을 하며, 호흡을 할 수 있게 되었습니다.

그런데 유아풀에서 제가 시간을 보냈다면 어떨까요? 그런 편안하고 안

전한 공간은 나에게 무언가를 요구하지 않습니다. 내가 더 나은 사람이 되어야 한다는 사실을 알려 주지 않습니다. 평화의 영역에서는 절대 내 잠재력이 발휘되지 않습니다. 애초에 그럴 필요가 없기 때문이죠.

어려운 문제가 더 공부가 필요함을 알려 줍니다. 무거운 바벨이 더 운동이 필요함을 알려 줍니다. 뼈아픈 고통이 더 함양이 필요함을 알려 줍니다.

우리는 언제나 나 스스로가 취약한 공간에서 성장할 수 있습니다.

진정한 선이라면, 우리의 존재가 더 나은 존재가 되기를 바랄 겁니다.

진정한 악이라면, 우리의 존재가 더 나아지는 것을 막기를 바랄 겁니다.

모든 고통과 시련, 어려운 문제들이 진정한 선일지 모릅니다.

당신은 지금 고통스런 영역에서 살아가고 있나요?

33.
그래서 결말이 뭔데?

그래서 결말이 뭔데? 결론이 뭔데? 어떻게 되는데?

일부 사람들은 과정에 속해 있지 못하는 경향이 있습니다.

과정을 견디지 못하는 것이죠.

결론만이 의미 있다는 생각입니다.

아니 됐고, 그래서 어떻게 되는데?

우리 모두의 결말은 같습니다. 죽음입니다.

너도 죽고, 나도 죽고, 스티브 잡스도 죽고, 아인슈타인도 죽고, 천하의 바보도 죽고, 가장 강한 사람도 가장 약한 사람도 죽습니다. 그게 결론입니다.

이게 중요합니까? 정말 이게 중요합니까?

아니죠. 아닙니다.

과정이 중요합니다.

어떤 삶을 사는지가 중요합니다. 그게 삶입니다. 우리 모두의 결말은 삶이 아닙니다. 그래서 어떻게 되는데?가 중요한 것이 아닙니다. 그 답답한 과정 속, 앞이 보이지 않아 갑갑한 그 느낌의 지속, 이게 맞나? 잘 되어 가는 것이기는 한가? 하는 그 과정이 중요합니다.

지금 무엇을 하고 있는가, 그리고 그 순간들이 모여서 만드는 내 인생, 즉 내 삶의 과정은 어떠한가. 이것이 중요합니다.

지금 무엇을 하고 있습니까?

나는 결국 안 돼. 난 못해. 그냥 이렇게 살래. 이게 내 결론이야.

그게 다입니까?

죽음은 우리가 어찌할 수 없습니다. 그래도 좋습니다. 이건 결말입니다.

삶은 우리가 어찌할 수 있습니다. 그렇죠? 이건 과정입니다.

삶을 결국 어찌할 수 없는 것으로 여기고 살아가지 마세요. 사는 게 사는 것이 아닌 이유입니다.

삶은 내가 어떻게 할 수 있는 것으로 여기고 살아가야 합니다. 지금 내 인생을 송두리째 바꿀 수 있는 힘은 나에게 있습니다. 과정이니까요. 어떻게 바뀌어도 놀랍지 않습니다.

내가 상상도 못 하던 인생을 살 가능성이 있다는 사실은 사실입니다.

34.
동기부여는
제 역할을 다했다

삶을 더 훌륭하게 변화시키고 싶은 욕망이 있는 사람들은 동기부여 영상을 시청하기도 하고, 관련 서적을 읽기도 합니다. 변하고 싶은 마음이 클수록, 정말 다양한 종류의 동기부여를 찾아다니셨을 것이고, 접해 보았을 겁니다. 호통에서부터 설득까지 다양한 방식의, 공부, 운동, 인생, 인간관계, 업무 등 다양한 분야의 동기부여를 말이죠.

그럼에도 불구하고, 별 변화가 없는 당신을 위한 강의가 되겠습니다.

냉정하게, 당신은 동기부여를 위해 할 수 있는 일은 거의 다 했을 겁니다. 여러 영상들을 보고, 여러 권의 책을 이미 읽은 상태라면, 동기부여가 당신 인생에 미칠 수 있는 영향은 이미 다 받은 셈입니다.

이제 정답은 동기부여에 있지 않습니다. 동기부여가 할 수 있는 영역은 이미 충분히 채워진 겁니다.

또 다른 동기부여를 찾아다닐 필요가 없습니다.

그저, 실천이 필요할 시기입니다. 딱 지금 당신이 갖고 있는 수준의 열정으로 나아가야 합니다. 거대한 불꽃같이 타오르는 열정을 기반으로 노력하는 건, 쉬운 일입니다. 성냥불보다 작은 열정을 기반으로 노력하는 것이 어려운 일입니다.

우리에게 더욱 필요한 건 작은 동기로도 큰 노력을 실천할 수 있는 능력이죠.

지금 열심히 하고 싶다는 동기가 없나요? 그 상태로 노력을 이어 가세요. 당신에게 필요한 건 그 꾸준한 지속입니다.

35.
이루지 못하더라도
높은 목표를

쉬운 목표는 낮은 수준의 노력과 일을 동반합니다. 반에서 성적으로 중간 정도만 하자는 목표를 설정한다면, 그 수준에 준하는 공부를 하게 됩니다. 치열하게 공부하는 경험을 하지 못할 것이고, 피곤하면 자고, 하기 싫을 땐, 놀기도 노는 정도로 노력할 겁니다. 쉬운 목표에 걸맞은 낮은 수준의 노력을 경험하게 됩니다.

어려운 목표는 높은 수준의 노력과 일을 동반합니다. 학교에서 전체 1등을 목표로 한다면, 그 수준에 맞는 공부를 하게 됩니다. 학생들 중에서는 가장 열심히 공부를 해야 합니다. 피곤해도 이겨 내고, 해야 할 때는, 모든 것을 절제하며 집중해야 합니다. 어려운 목표에 걸맞은 높은 수준의 노력을 경험하게 됩니다.

목표를 어떻게 설정하느냐에 따라, 그 여정에서 경험하는 가치가 달라집니다. 쉬운 목표를 설정하는 것은 마음이 편합니다. 대신 그 누구에게나 흔한 수준의 노력과 실천을 경험을 하게 될 겁니다.

반대로 어려운 목표를 설정하는 것은 마음이 무겁습니다. 중압감이 느껴지죠. 대신, 그 누구에게서나 찾아볼 수 없는 수준의 노력과 실천을 경험할 수 있을 겁니다.

좀 더 쉬운 비유를 들어 보겠습니다. A와 B 모두 등산을 목표로 삼았습니다. A는 아주 높고 험난한 산을 등반했습니다. 그 과정에서 수많은 경험이 쌓였죠. B는 편안한 뒷동산을 등반했습니다. 그 과정에 걸맞은 쉬운 경험이 쌓였죠. A와 B의 경험은 질적으로 다릅니다. 이런 경험의 축적은 삶에 드러납니다. 당신이 당신과 함께 일을 할 동료를 선택한다고 해 보세요. 누구를 선택하겠습니까. 당연히 A입니다.

내가 될 수 있는 나로서는 최고 수준까지 성장하고 싶다면, 내가 살 수 있는 최고의 인생을 살아 보고 싶다면, 높은 목표를 세우는 것이 필요합니다.

그렇게 하지도 않고, 인생을 한탄하고 남을 탓하는 것은 비겁한 짓입니다.

최선을 다할 각오도 필요하고, 실제로 그 각오를 현실화하는 투지도 필요합니다.

인생을 바꾸기가 쉽진 않지만, 반드시 할 수 있습니다.

힘내 봅시다.

36.
불행 앞에서도 웃을 수 있는
강한 사람이 되기를

　죽을 고비를 넘긴 사람들의 인생이 정말 멋지게 바뀌는 이야기들은 많이 들어 보셨죠? 언제 읽어도 이러한 사례들은 큰 귀감을 줍니다. 평범한 사람이 겪을 수 있는 사례로는 많이 아프고 난 뒤, 삶에 대해 감사함을 느끼는 것을 들 수 있겠습니다.
　반대로, 최고의 행운을 맞이하고도 그 뒤의 인생이 비참하게 바뀌는 이야기도 많이 들어 보셨을 겁니다.
　가장 큰 불행 뒤에는 작은 불행들이 보이지 않습니다.
　가장 큰 행운 뒤에는 작은 행운들이 보이지 않습니다.
　만약, 당신이 눈앞의 문제에 대해 너무 걱정스럽고 힘들어한다면, 의식적으로 죽음을 인식하세요. 내 인생에서 가장 큰 문제는 이미 정해져 있고, 절대 피할 수 없으며, 모든 것을 잃게 되는 어마무시한 죽음이라는 것이라고 말이죠. 그 앞에서 지금 내 눈앞에 있는 문제는 무엇이 되었든 간에 작을 수밖에 없죠.
　마치 현미경으로 개미를 보며, 너무 커서 무서워하다가, 비행기를 탄 높은 고도에서 개미를 보려고 하는 수준일 겁니다.
　지금 내 눈앞의 문제에 짓눌린다면 아무것도 못 합니다. 반대로, 지금 내 눈앞의 문제를 사소하게 본다면 어떻게든 해결해 나갈 수 있습니다.

행운도 마찬가지죠. 단 번에 로또에 당첨이 되어, 20억을 수령했다고 합시다. 그것을 위해 한 노력이라곤 '5천 원짜리 자동이요~'라고 말한 것 밖에 없죠. 그런데 20억을 수령했습니다. 그 뒤에는 내가 어떤 가치 있는 일을 해도 무의미하게 느껴집니다. 열심히 일을 하고 땀 흘리고, 타인에게 기여하며, 한 달이 지나 300만원을 수령한다면, 보람찬 것이 아니라, 허탈할 것입니다. 큰 행운 뒤에 작은 행운들은 보이지 않으니까요. 그런 식으로 사람이 피폐해지는 겁니다.

큰 행운은 오히려 큰 불행이고, 큰 불행은 오히려 큰 행운입니다.

그러니, 지금 불행하다면 오히려 웃으시고요. 행운이 찾아왔다면, 조심하시기 바랍니다.

37.
내 인생의 의미는
내가 만든다

내 인생의 의미는 반드시 내가 만들어야합니다. 전지전능한 신이 나에게 공짜로 인생의 의미를 준다고 합시다. 받는 순간, 그 의미는 내 것이 아니게 됩니다. 그 신이 인간에게 인생의 의미를 나누어 주는 가치 있는 일을 한 것 자체가 의미가 되기 때문이죠. 그것을 그냥 받은 나는 아무런 의미를 만들어 낸 것이 아니니까요.

그래서, 어찌 됐든 본인의 인생은 본인이 만들어 가는 수밖에 없습니다. 당신이 뭐라도 해야 합니다. 아니면 절대 해결되지 않아요. 그 누구도 어차피 나에게 인생의 의미를 줄 수 없습니다. 타인이 나에게 인생의 의미를 준다는 착각에서부터 문제가 생깁니다.

네가 나를 사랑하면 내 인생이 의미가 있을 거야. 많은 구독자들로부터 인기를 얻으면 내 인생이 의미가 있을 거야. 아뇨. 반대입니다.

내가 너를 사랑하면 내 인생이 의미가 있고, 많은 구독자들에게 좋은 가치를 주면 내 인생이 의미가 있는 겁니다.

내가 무언가를 해야 하는 것이지, 내가 무언가를 받아야만 하는 것이 아닙니다.

간단합니다. 돈은 누가 받나요. 가치를 주는 사람이 받습니다.

가치를 받는 사람은 돈을 냅니다.

인생의 의미 역시 그렇습니다. 무언가를 주는 사람이 받는 겁니다. 더 많이 받기 위해서는 역설적으로 더 많이 줄 수 있어야 합니다. 더 많이 주기 위해서는 본인 인생을 통해 훌륭한 가치를 쌓아야만 합니다.

잘 살아야 하는 이유입니다.

마무리하며

지금까지 읽어 주신 것에 감사드립니다. 다만, 읽었다는 사실은 하나도 중요하지 않습니다. 읽으시는 와중에 삶에서 어떠한 부분이 바뀌었는지, 어떠한 실천이 새롭게 실행되었는지 같은 진짜 변화가 중요합니다. 아무리 외부에서 동기부여를 시켜 주더라도 스스로 바뀌지 않으면 그 동기부여는 아무짝에도 쓸모없습니다.

저는 아무짝에도 쓸모없는 책을 쓴 건가요, 그렇지 않으면 꽤 괜찮은 책을 쓴 건가요?

읽어 주신 당신께서 아주 조금이라도 발전적인 방향으로 바뀌셨다면 더할 나위 없겠습니다.

진심입니다. 이제 텍스트는 의미가 없고 실천만이 의미가 있습니다.

실천을 하려는데 누군가 불가능하다 말한다면, 그건 그 사람이 불가능한 것입니다. 누군가 나를 비웃는다면, 그건 그 사람이 당신이 본인보다 더 잘 해낼까봐 두려워하는 것입니다. 이뤄 가고 있는 과정에서 누군가가 나를 시기하고 질투한다면, 그건 자연의 이치입니다. 하늘 높이 나는 거대한 독수리는 땅에서 보면 작은 점으로 보입니다. 패배자들은 승리자들을 깎아내리는 것에 집착을 하고, 승리자들은 승리를 쟁취하는 것에 집착을 합니다. 나의 가능성은 내가 결정하는 것이고, 실천하는 것입니다.

이제 이 3장을 채우는 것은 제 몫이 아니라 당신의 몫입니다.

결코, 내 인생을 피할 수 없다

살다 보면 힘든 일들이 많이 생깁니다. 그런 일들이 닥칠 때 마다, 술로 피하거나 좌절하거나 회피하고 싶은 마음이 들죠.

나는 절대로 내 인생의 책임으로부터 벗어날 수 없다. 결코 자유로워질 수 없다. 이 사실을 깨닫게 되면, 내 삶에 주도권이 생깁니다. 내 인생은 오로지 나의 것이고, 나의 책임이고, 나의 속박입니다. 그러니 이를 어떻게든 잘 만들고 잘 다듬고 잘 조각하고 잘 성장시켜서 괜찮은 인생으로 만들어야만 합니다.

오늘 하루 술을 마시고 잊고자 하더라도, 내일은 옵니다. '에라! 모르겠다!' 하고 던져 버려도, 결국 돌아옵니다. 피하고 도망쳐도 결국 나는 나일 수밖에 없습니다. 나는 나를 피할 수 없습니다.

무능하고 무책임한 나로서 인생을 살아가는 것은 굉장히 힘든 일입니다. 이것보다 더 힘든 인생의 방식은 없습니다.

오히려 유능함을 위해, 책임감 있는 인생을 위해 노력하고 애쓰는 것이 더 쉽습니다. 물론, 노력은 어렵고 힘듭니다. 외부적 요소는 예측불가하기 때문에, 어떤 어려움이 닥칠지 모르는 것이 우리들의 인생이죠.

예상치 못한 문제의 발생은 설령 내 책임이 아닐 수 있습니다. 그럼에도 불구하고, 그에 대응하는 방식은 나에게 달려 있습니다. 이것만큼은 순전히 나의 것이고 나의 책임이죠. 꺾인다면, 나는 파도에 이리저리 흔들리는 해초처럼 사는 것이고, 그럼에도 불구하고 나의 방식대로 살아간다면,

나는 파도를 뚫고 나아가는 고래처럼 사는 것이겠죠.

아무리 벗어나려고 해도 벗어날 수 없는 게 내 인생이라면, 이거는 정말 제대로 한번 붙어 봐야 하지 않겠습니까.

"또 실패했는가? 괜찮다. 다시 실행하라. 그리고 더 나은 실패를 하라."

- 사뮈엘 베케트